W0228943

I think I spider

Andreas Hock

I THINK
I SPIDER

*Vom Sinn und Unsinn
des Englischen
im Deutschen*

DUDENVERLAG
BERLIN

INHALT

INFRONTWORD

Unsere deutsche Sprache hat schon viele Entwicklungsstadien durchlaufen, seit sie sich vor ungefähr 1.300 Jahren aus den anderen germanischen Sprachen als eigenständige Form herausgebildet hat. Sie veränderte sich durch etliche Lautverschiebungen, durch Stammeswanderungen, durch die Einführung unserer Familiennamen, durch die Entwicklung des Buchdrucks und damit des Schrifttums, durch Kriegszüge und auch durch die Kirche – und natürlich vor allem durch die Einflüsse anderer Sprachen. Manches davon war aus sprachhistorischer Sicht wichtig und zukunftsweisend, anderes brachte mehr Schaden als Nutzen. Aber eines ist sicher: Ohne all diese Veränderungen wäre die deutsche Sprache nicht das, was sie allen – durchaus auch meinen eigenen – Einwänden gegen zu viele äußere Einflüsse zum Trotz noch immer ist: eine der bedeutendsten und zugleich wortreichsten Sprachen der Welt.

Natürlich müssen wir an dieser Stelle gleich ein bisschen Wasser in die Buchstabensuppe gießen, denn von den rund 500.000 Wörtern, die der *Duden* unserem Alltagswortschatz zurechnet, benutzen wir nicht allzu viele: Knapp 70.000, so schätzen Experten, sind es lediglich. Und wenn man dem ein oder anderen Zeitgenossen auf der Straße, in der U-Bahn oder im Fernsehen bisweilen zuhört, dann lässt sich vermuten, dass es einige Mitbürger gibt, die noch mit weitaus weniger Wörtern auskommen und trotzdem problemlos überleben.

Auf der anderen Seite gibt es inzwischen an die 5.000 anerkannte Anglizismen, von denen viele fast wie selbstverständlich die entsprechenden einheimischen Wörter verdrängt haben. Manchmal ist das unabdingbar, wie im Falle der vielen Neologismen, ohne die wir uns schon sehr schwertäten, technische Neuerungen wie den *Computer* oder den *Download* trefflich zu beschreiben. Andere wie das *Factory-Outlet* oder die *Repeat-Funktion* sind einfach nur unnötig.

Durchmischt jedenfalls wurde das Deutsche schon immer: Zuerst waren es das Griechische und das Lateinische, deren Begrifflichkeiten Einzug hielten in unseren Sprachschatz; hauptsächlich weil die Römer mit den Germanen meinten, Krieg führen zu müssen – und ihnen, außer jeder Menge Ärger, auch zahlreiche Begriffe bescherten, die wir heute noch verwenden, ohne dass es uns besonders auffällt. Sogar unsere schöne Woche samt ihrer so deutsch klingenden Bezeichnungen Montag, Dienstag, Donnerstag, Freitag und Sonntag haben unsere Vorfahren von den Invasoren aus dem Süden übernommen. Diese hatten ihre Tage nämlich längst nach den Planetengöttern benannt, während man sich hierzulande immer wieder aufs Neue freute, dass die Sonne überhaupt wieder aufging, nachdem sie wenige Stunden zuvor wie von Geisterhand hinter dem Horizont verschwunden war. Nur der Samstag stammt weder von einer römischen Gottheit noch von der Kinderromanfigur Sams ab, sondern vermutlich vom jüdischen Sabbat – und der Mittwoch als nicht besonders einfallsreiche Bezeichnung für die Wochenmitte ist gar eine rein deutsche Erfindung: Sie wurde im zehnten Jahrhundert von der katholischen Kirche eingeführt, weil sie es nicht guthieß, dass dieser Tag dem Götterboten Mercurius gewidmet war, was in einigen romanischen Sprachen bis heute so ist und man beispielsweise am französischen *Mercredi* erkennen kann.

Später nahmen wir auch Bezeichnungen aus dem Slawischen auf, aus dem Jiddischen und aus dem arabischen Sprachraum – ohne die wenig ruhmreichen Kreuzzüge dorthin etwa gäbe es keinen Kaffee und keinen Alkohol, keinen Balsam und keinen Almanach, zumindest nicht in dieser sprachlichen Form. Später waren es dann das Französische und das Italienische, die aufgrund der im Mittelalter stetig zunehmenden Handelsbeziehungen zu unseren Vorfahren die deutsche Sprache entscheidend prägten. Die Hinwendung zur Ausdrucksweise unserer westrheinischen Nachbarn ging irgendwann sogar so weit, dass zum Ende des 18. Jahrhunderts mehr französische Grammatikformen bei uns existierten als in Frankreich selbst. Zu verdanken war diese sonderbare Entwicklung einem Herrscher, der seine Muttersprache zutiefst verachtete, weil er ihren Klang nicht leiden konnte und auch die Menschen nicht, die sich auf diese Weise unterhielten. Nicht einmal die gerade aufstrebende einheimische Literatur mit unzweifelhaft honorigen Vertretern wie Friedrich Gottlieb Klopstock oder Gotthold Ephraim Lessing wollte Friedrich der Große zur Kenntnis nehmen. Stattdessen gab sich der Preußenkönig der ausgiebigen Lektüre französischer Dichter hin. Er weigerte sich beharrlich, Deutsch zu sprechen und zu schreiben, und schwärmte davon, wie ästhetisch und rein doch die Franzosen miteinander parlierten.

In erster Linie wegen dieses Mannes, der wahrscheinlich *au fond de son coeur* viel lieber ein Franzose denn ein Deutscher gewesen wäre, sagen wir heute unter anderem Toilette statt Abort, Cousine statt Base und Büro statt Kontor, was freilich kein Schaden ist. Aber auch einen Friedrich II. hat die deutsche Sprache überstanden, und natürlich haben ihr manche der zunächst so fremden Wörter sehr gutgetan. Denn eine moderne Sprache muss sich weiterentwickeln und verändern, will sie nicht vertrocknen und auf einem Stand von vor Hunderten Jahren zur Stammessprache verkommen, die nur noch von einer verschwindend geringen Minderheit gesprochen wird. Davon abgesehen: Würden wir heute noch sprechen wie zu Zeiten Walther von der Vogelweides, wir hätten vermutlich große Schwierigkeiten, uns umfassend zu verständigen. Es wäre wie im Lateinischen, in dem alle technischen Errungenschaften der Neuzeit mühsam aus den bereits vorhandenen Begriffen konstruiert werden müssten, was nicht immer gelingt, ohne unfreiwillig komisch zu klingen. So wird gemäß des offiziellen und vom Vatikan herausgegebenen *Lexicon recentis Latinitatis* aus »Minigolf« der *Pilamalleus minutus*, also der »verkleinerte Ballhammer«, aus »Karate« der *Oppugnatio inermis Iaponica* – der unbewaffnete japanische Angriff – oder aus der Pizza der *Placenta compressa*, was »gepresster Kuchen« heißt. Aber klar, eine Glühbirne, den Fernseher oder die Heftklammer gab es eben zur Zeit des Römischen Reiches noch nicht. Und schon alleine deswegen sind Veränderungen in einer Sprache wichtig, weil sie uns helfen, auch die Veränderungen in unserer Umwelt zu benennen.

Trotzdem ist die Angelegenheit im Falle des Englischen ein wenig vertrackter. Natürlich: Englisch ist eine Weltsprache – vermutlich die einzig wirkliche, die es überhaupt gibt, selbst wenn Spanisch und Mandarin-Chinesisch jeweils von mehr Muttersprachlern verwendet werden. Es ist Amtssprache in so unterschiedlichen Territorien wie den Bahamas, Uganda, Belize oder Neuseeland und wird schätzungsweise von mehr als 1,7 Milliarden Menschen auf der Erde gesprochen und verstanden. Man kommt in Moskau mittlerweile damit ebenso durch wie in Tokio oder São Paulo, und es ist verhältnismäßig wahrscheinlich, dass man auch in sehr weit entfernten Ländern zumindest nicht verhungert und verdurstet, wenn man wenigstens ein paar Brocken Englisch beherrscht. Allein diese Erkenntnis sollte dazu führen, sich mit dieser Sprache zumindest ein Stück weit auseinanderzusetzen und sie vor allem nicht zu verdammen. Insofern ist es keinesfalls verwunderlich und auch nicht verwerflich, dass wir heute vorwiegend Einflüsse des Englischen auch im Deutschen verzeichnen und dass wir beispielsweise Computer und Internet sagen anstelle von Rechenmaschine und Datennetz. Die Welt ist ein Dorf geworden und irgendwie müssen wir in diesem Dorf ja miteinander kommunizieren.

Allerdings hat, auch das lässt sich nicht leugnen, die Bedeutung, die wir dem Englischen gelegentlich beimessen, eine teils absurde Überhöhung erfahren. Niemand muss ein *Bike* benutzen, der nicht auch ein Fahrrad fahren kann; keiner muss in einem *Flagship Store* einkaufen, wenn es sich dabei um ein Geschäft handelt; es ist vollkommen unnötig, einen *Coffee to go* zu bestellen, wenn man den Kaffee auch ganz einfach in einem Becher mitnehmen kann, und auch das Aufgabengebiet einer Empfangsdame erhält durch die Berufsbezeichnung *Welcome Manager* keine andere Stellenbeschreibung. Die Frage in diesem Zusammenhang lautet, wie es dazu kommen konnte, dem Englischen einen solchen Raum zu überlassen, dass sich selbst ein ausschließlich in Deutschland operierendes Unternehmen wie die Deutsche Bahn vor einem Vierteljahrhundert dazu entschlossen hat, seinen Auskunftsschalter *Service Point* zu nennen?

Wir befinden uns also in einem echten *Twogap – sorry* – einem Zwiespalt, was den Umgang mit dem Englischen betrifft: Es lässt sich im 21. Jahrhundert, dem digitalen Zeitalter, ganz sicher nicht mehr aus unserer Sprache verbannen, weil es ohnehin vorhanden ist durch die zahllosen Informationen, die uns binnen Bruchteilen von Sekunden von überallher und rund um die Uhr erreichen. Aber wir sollten dennoch aufpassen, dass wir uns nicht ganz verlieren in denglischen Worthülsen und sinnbefreiten Reklamebotschaften, in Scheinanglizismen und wichtigtuerischen Benennungen, die wir viel treffender in unserer eigenen Sprache ausdrücken könnten, denn sie bietet doch so viele Möglichkeiten, sich würdevoll zu verständigen.

Und darum soll es gehen in diesem Buch: um den Sinn und den Unsinn des Englischen im Deutschen, um die erstaunlichen Gemeinsamkeiten und die ebenso erstaunlichen Absurditäten, die entstanden sind, seit die englische Sprache nach dem Zweiten Weltkrieg ihren Siegeszug zuerst in Westdeutschland und seit nunmehr fast drei Jahrzehnten auch im Rest des Landes angetreten hat. Einem Land, in dem zwar der *Service Point* inzwischen zumindest wieder »DB Information« heißt, aber ein *Backshop* eine Bäckerei sein soll, obwohl es sich, etwas böswillig übersetzt, doch nur um einen »Arschladen« handelt oder zumindest um ein sinnbefreites »Rückengeschäft«.

FROM CAKES AND BOTTLES

Was Deutsch und Englisch gemeinsam haben

Vermutlich wäre vieles einfacher auf der Welt, würden wir alle nur eine einzige Sprache sprechen. Nicht nur, weil dann die meisten Integrationsprobleme gar nicht erst entstehen würden. Man könnte in Venedig einen Einheimischen nach einem Café fragen, in dem eine Tasse Kaffee weniger als zehn Euro kostet. In einem Pariser Lokal wäre man in der Lage, ein Mittagessen zu bestellen, ohne vom Kellner ignoriert zu werden. Und in Peking könnte man sichergehen, dass man nur dann einen Hund auf dem Teller vorfindet, wenn man ihn denn auch bestellt hat. Selbst kriegerische Auseinandersetzungen müssten nicht mehr aufgrund von sprachlichen Missverständnissen geführt werden – wie im Falle des Telegrammwechsels zwischen Zar Nikolaus II. und Kaiser Wilhelm II., der 1914 den Ausbruch des Ersten Weltkriegs zumindest begünstigt hat: Nikolaus hatte darin seinem deutschen Regentenkollegen auf Englisch mitgeteilt, Russland habe sich zur Generalmobilmachung entschlossen – was ohnehin zu erwarten gewesen war. Wilhelm aber übersetzte das Wörtchen *decided* irrtümlich mit »begonnen«, schäumte wegen des vermeintlichen Verstoßes gegen die bisherigen Absprachen vor Wut und reagierte seinerseits prompt mit dem Beginn militärischer Aktivitäten. Die Diplomatie war damit endgültig gescheitert – und der Kriegsausbruch nicht mehr aufzuhalten.

Statt einer umfassenden Weltsprache jedoch existieren heute rund 7.000 einzelne, die allen wissenschaftlichen Erkenntnissen zufolge doch nicht in Babylon nach einem gescheiterten Turmbau entstanden sind, wie eine biblische Sage uns glauben machen will. Vielmehr sind sie vor einigen tausend Jahren aus diversen Ursprachen hervorgegangen, die wiederum die Wurzeln der unterschiedlichen Sprachfamilien bildeten. Und so gibt es auf der Erde einige wenige bedeutsame Sprachen, die grenzüberschreitend von sehr vielen Menschen gesprochen werden: Dazu gehören neben Englisch, Spanisch, Französisch und ja, auch Deutsch, ebenso Arabisch, Urdu oder Portugiesisch. Es gibt etliche Sprachen, die vorwiegend in ihrem Herkunftsland oder -gebiet Verbreitung gefunden haben und andernorts höchstens von Migranten gesprochen werden – wie Ungarisch, Polnisch oder Thai. Und es gibt die zahlreichen Exoten, die einem kleinen Kreis von wenigen Sprechern vorbehalten sind: Nkoroo in einem Gebiet des Tschad etwa, West-Yugurisch im Nordwesten Chinas oder Tofalarisch, das angeblich nur noch knapp 90 Menschen in Südsibirien beherrschen.

  Die Forschung auf diesem Gebiet ist demzufolge ein unglaublich weites Feld: Allein im Bereich der sinitischen – also der chinesischen – Sprachen sind Unterarten bekannt, die in ihrer Grammatik, der Lautierung und natürlich auch dem Wortschatz so eigenständig sind, dass diese von den Sprechern anderer sinitischer Sprachen nicht einmal ansatzweise verstanden werden können, obwohl es an sich immer noch um Chinesisch geht. Es ist, als würde ein Niederländer auf einen Norweger treffen oder ein Spanier auf einen Rumänen. Oder eben ein Deutscher auf einen Engländer.

Denn abgesehen davon, dass Deutsch und Englisch in der heutigen Zeit – in der einer Erhebung zufolge nahezu die Hälfte aller in Deutschland verwendeten Werbesprüche in englischer Sprache gehalten sind – manchmal wie ein einziges wahllos zusammengewürfeltes Konstrukt wirken, handelt es sich bei Deutsch und Englisch natürlich um zwei grundverschiedene Sprachen; vordergründig zumindest. Das fängt schon beim schieren Umfang an: Forscher der Harvard-Universität fanden vor einigen Jahren heraus, dass der englische Wortschatz aus knapp über einer Million Wörtern besteht – das wären beinahe doppelt so viele wie im Deutschen. Auch wenn sich darunter etliche Varianten derselben Wörter befinden, so zählt das *Oxford Dictionary* insgesamt immer noch mehr als 600.000 einzelne Begriffe, wovon immerhin rund ein Drittel im täglichen Sprachgebrauch verwendet wird. Es mag eine schmerzhafte Erkenntnis sein, aber offenbar unterhält man sich auf Englisch deutlich vielseitiger als auf Deutsch.

Auch die Grammatik weist maßgebliche Unterschiede auf – und bestätigt die Vermutung, die viele von uns bereits in der Schule leid-

geprüft anstellen mussten: Unsere deutsche Sprachlehre ist leider
weitaus komplizierter als die englische. So ist der Satzbau in der
englischen Sprache schon allein durch die im Normalfall einheitliche
Stellung des Verbs im Satz deutlich einfacher, die Fallendungen fielen
im Laufe der Zeit fast vollständig weg, und bekanntermaßen gibt es
dort keinen geschlechterspezifischen Artikel: »Der«, »die«, »das« und
»dem«, »den« und »des« gehen beneidenswerterweise alle im *the* auf.
Wofür die englische Sprache also nur ein einziges einfaches und ganz
und gar neutrales Wörtchen benötigt, gibt es bei uns viele verschiedene Möglichkeiten; vom unbestimmten Artikel gar nicht zu reden,
der sich auf Englisch im lapidaren *a* beziehungsweise *an* erschöpft.

Im Englischen verwendet man auch praktisch keine Substantive,
die aus mehr als zwei Nomen zusammengesetzt sind. Wortmonster
wie der »Dreiseitenkipper«, das »Postwertzeichen« oder die »Licht-
signalanlage«, wie sie sich irgendwann im Sprachgebrauch unserer
Behörden gebildet haben, wären undenkbar: Denn ein Anhänger ist
und bleibt ein *Trailer*, eine Briefmarke eine *Stamp* und die Ampel ein
Traffic Light. Auch die »Abstandseinhaltungserfassungsvorrichtung«,
die – unserer eigenwilligen Amtssprache sei Dank – in der Straßen-
verkehrsordnung einen bloßen Strich auf der Fahrbahn benennt,
lässt sich beim besten Willen nicht in eine Fremdsprache übersetzen,
ähnlich wie unzählige andere für fremde Ohren so wundersam klingende Verwaltungsausdrücke.

Das lateinische Alphabet wird zwar in beiden Sprachen gleichermaßen verwendet, aber von einem Umlaut (ä, ö, ü) oder einem schar-
fen S hat ein Schulkind in Großbritannien, den Vereinigten Staaten
oder Australien noch nie etwas gehört.

Hinzu kommt, dass sehr viele Begriffe schon augenscheinlich nichts miteinander gemein haben – anders als in den romanischen Sprachen wie Französisch, Italienisch, Spanisch, Portugiesisch und auch Rumänisch, die sich aus dem gesprochenen Latein herausgebildet haben und deren Wortschatz man die gemeinsamen Wurzeln oft schon auf den ersten Blick anmerkt. Das beweist allein schon die »Liebe«, die aus dem Lateinischen *Amor* entsprang und als *l'Amour*, *l'Amore*, *el Amor* und *o Amor* quer durch Europa gereist ist. Es gibt sogar 39 Wörter, die in allen romanischen Sprachen absolut identisch sind. Außerdem ist im Romanischen nahezu überall das »h« verstummt wie beim *Hors d'Oeuvre* und es haben sich Vokale in betonter Stellung durchgängig erhalten wie beim französischen Wort *Fenêtre*, dem italienischen Begriff *Finestra* oder dem spanischen Wort *Ventana*. Derlei allgemeingültige Berührungspunkte sind zwischen dem Deutschen und dem Englischen nicht zu finden. Und doch gibt es zwischen unserer Sprache und der Ausdrucksweise der Angelsachsen weitaus mehr Zusammenhänge, als man beim ersten Hören vermuten würde:

Zunächst einmal gehören beide – wie allerdings die romanischen Sprachen ebenfalls – zur sogenannten indogermanischen Sprachfamilie, der sprecherreichsten Sprachfamilie der Welt. Das bedeutet vereinfacht gesprochen, dass nach allem, was man heute weiß, sowohl Deutsch als auch Englisch, aber auch die genannten romanischen Sprachen sowie Persisch, Lettisch und Hindi aus einer einzigen Grundsprache entstanden sind, die ihre Blütezeit etwa 3.000 Jahre vor Christus erlebte. Wo genau dieses geheimnisvolle Indogermanisch gesprochen wurde, darüber scheiden sich die Geister. Gut möglich, dass es rund um das Schwarze Meer Verwendung fand, aber wissenschaftlich gesichert ist das leider nicht, weil die Menschen damals ja noch nichts für die Nachwelt festhalten konnten. Fest scheint nur zu stehen, dass sich ab rund 1.500 vor Christus aufgrund der zunehmenden Völkerwanderungen verschiedene Sprachgruppen herausbildeten.

Während es manche dieser Völker in der Folge in Richtung Asien, Arabien oder Griechenland verschlug, wo sie ihrerseits im Laufe der Jahrhunderte neue Sprachformen ersannen, zog es einige auf die italienische Halbinsel, auf der sich nach und nach die italischen Sprachen – eben die Vorläufer der romanischen Sprachgruppe – entwickelten. Die Germanen wiederum hatten sich vor ungefähr 2.500 Jahren bis an den Rhein und die deutschen Mittelgebirge vorgearbeitet. Doch auch von hier aus zogen viele von ihnen weiter – nach Skandinavien, woraufhin sich die nordgermanischen Sprachen entfalteten; nach Osten, wo sich die ostgermanischen Sprachen ausprägten, die allerdings später alle wieder verschwanden. Und gen Westen – also in Richtung Friesland, die Niederlande und eben Britannien.

Die eigentliche Verwandtschaft zwischen Deutsch und Englisch ergibt sich somit erst durch die gemeinsame Zugehörigkeit zur westgermanischen Sprachfamilie. Und bis sich um etwa 500 Jahre nach Christus aus all dem germanischen Kauderwelsch auf dem Festland das Althochdeutsch und auf der Insel das Altenglisch herausgebildet hatten, war so viel Zeit vergangen, dass zwischen beiden Sprachen ein sehr viel engerer Zusammenhang entstehen konnte als beispielsweise zwischen Deutsch und vielen nordgermanischen Ausdrucksweisen. Zwar hat das heutige Englisch seinen Charakter als germanische Sprache fast vollständig verloren, blickt man auf die bloße Struktur oder den Satzbau. So muss im Englischen die Reihenfolge Subjekt – Verb – Objekt praktisch immer eingehalten werden, in Haupt- wie in Nebensätzen: »*The wolf is hunting the lamb.*« Im Deutschen dagegen sind bei solch einfachen Aussagen problemlos Umstellungen möglich: »Der Wolf jagt das Lamm.« oder »Das Lamm jagt der Wolf.« Das geht in der englischen Sprache nicht. Aber schon die unregelmäßigen Verben sind im Deutschen wie im Englischen zumeist deckungsgleich: *break, broke, broken* ist bei uns »brechen«, »brach, »gebrochen«, aus *give, gave, given* wird »geben«, »gab«, »gegeben« oder aus *stink, stank, stunk* wird »stinken«, »stank«, »gestunken«, um nur drei Exempel zu nennen. Und auch der Wortschatz kennt mehr Übereinstimmungen als gedacht.

Vom Winter wissen wir, dass der althochdeutsche »Wintar« der gemeinsame sprachliche Ausgangspunkt ist. Wer des Sehens nicht fähig ist, ist diesseits und jenseits des Ärmelkanals blind, weil schon die Germanen jemanden mit einer solchen körperlichen Einschränkung »blinda« nannten. Eine ungewürzte Speise und ein überaus sanftmütiger Zeitgenosse sind in beiden Ländern mild aufgrund des germanischen »meldi«. Bei anhaltender Lautlosigkeit ist es im Deutschen und im Englischen still dank des althochdeutschen »stilli«. Und warm war es bei hohen Temperaturen schon im Mittelhochdeutschen, wenn auch das Wort damals eher »verbrannt« bedeutete.

Weitere identische Begriffe wie absurd, elegant, ideal oder sentimental sind in beiden Sprachen aus dem Lateinischen entlehnt. Der Einfluss der lateinischen Sprache auf das Englische war jedoch deutlich stärker als der auf das Deutsche: So stammen rund die Hälfte der englischen Wörter vom Lateinischen ab, was hauptsächlich an der über dreieinhalb Jahrhunderte während Unterwerfung durch den römischen Kaiser Claudius ab dem Jahr 43 nach Christus liegt. Die lateinische Sprache verdrängte so das zuvor geläufige Keltisch – das ungefähr 250 Jahre vor Christus vom Mittelmeerraum aus mit den dazugehörigen Volksgruppen die Britischen Inseln besiedelt hatte – weshalb der »Hafen« heute *Port* heißt, was vom lateinischen *Portus* herrührt, der »Berg« ein *Mountain* ist – getreu des Ursprungsbegriffes *Montem* – oder der »Teller« als *Dish* bezeichnet wird, was am lateinischen *Discus* liegt.

Davon abgesehen existieren selbst bei deutschen und englischen Wörtern, die vollkommen verschieden zu sein scheinen, immer wieder erstaunliche Bezüge zueinander: Ein »Hund« ist natürlich zunächst mal in sprachlicher Hinsicht ganz andersartig als *Dog*; er kann aber auch der – heute nicht mehr ganz so gebräuchliche – *Hound* sein, wodurch die Verbundenheit gleich auffälliger wird. Auch »Stuhl« und *Chair* haben scheinbar zunächst wenig miteinander gemein; verwendet ein Engländer aber das veraltete Synonym *Stool*, sieht die Sache schon anders aus.

Besonders augenfällig sind die Überschneidungen im Friesischen. Das liegt daran, dass es innerhalb der germanischen Sprachen eine drollige Variante gab, die vor allem in jenen Gegenden vorkam, die an die Nordsee angrenzen. Entlang des Wassers bildeten sich gemeinsame Merkmale heraus, die sich nochmals deutlich von den anderen westgermanischen Ausprägungen unterschieden. Und deshalb heißt ein junges Mädchen auf Plattdeutsch »Görl«, was schlichtweg die akustische Übersetzung des englischen Wortes *Girl* ist; der »Schill«, also die Muschelschalen, die man entlang der Küste im Watt finden kann, entstammt dem Wort *Shell*; wenn etwas besonders weich ist, sagt man in Norddeutschland gerne »mell«, was stark an das englische *mellow* erinnert; ebenso spricht man vom »Kees« analog zum englischen *Cheese*. Und dass sich der Ausdruck »Buddel« für eine Flasche vor allem alkoholischen Inhalts bis heute gehalten hat, liegt selbstverständlich einzig und allein an der *Bottle*.

Rein sprachhistorisch mag es aufgrund dieser Vergangenheit kaum verwunderlich erscheinen, dass sich so viele englische Begriffe in unserer Sprache wiederfinden. Und doch ist die gemeinsame Herkunft als Erklärung, wie es dazu kommen konnte, dass wir ausgerechnet der englischen Fremdsprache eine so hohe Bedeutung beimessen, natürlich nicht ausreichend. Denn vor nicht allzu langer Zeit spielte Englisch bei uns überhaupt keine Rolle.

QUAND LE FRANÇAIS ÉTAIT À LA MODE

Warum alles auch anders hätte kommen können

Wenn man während des alltäglichen *Business Lunch* so vor sich hin *brainstormt* und mit dem *Headset* im Ohr die *To-do-List* für den restlichen Tag durchgeht, dann vermag man sich kaum vorzustellen, dass die englische Sprache vor gar nicht allzu langer Zeit für unsereins beinahe so exotisch war wie, sagen wir mal, Kabardinisch, Zaza oder Bambara. Denn anstelle von Englisch beherrschte damals eine andere europäische Fremdsprache den deutschen Alltag und verdrängte dabei viele einheimische Begriffe und sogar ganze grammatische Formen: Rund drei Jahrhunderte ist es her, dass der Einfluss des Französischen auf unsere Sprach- und Umgangsformen derartig massive Ausmaße annahm, dass besorgte Gelehrte an den neu gegründeten Sprachakademien seinerzeit »Alarm« schlugen; übrigens auch ein Wort, das sich – über die italienische Urform *Allarme* –

durch die Bedeutung im Französischen zu uns geschlichen hat. Dort bezeichnete es dem eigentlichen Sinne nach die unmissverständliche Aufforderung, man möge bitte schön umgehend zur Waffe greifen – *à l'Arme* also, während bei uns damit lediglich eine dringliche Warnung gemeint war. Und die schien auch nötig, denn Französisch dominierte unsere deutsche Sprachgeschichte eine Zeit lang sehr, und man kann sagen, dass nicht viel gefehlt hätte, und wir würden heute kein *Teamwork* betreiben, sondern *Travail d'Equipe* verrichten, anstatt unserem *Hobby* nachzugehen, würden wir wahrscheinlich dem *Loisir* frönen, und anstelle eines *Sprays* stünde im Badezimmerschrank mit ziemlicher Sicherheit ein *Vaporisateur*.

Freilich war es schon vorher allein durch die geografische Lage in der Mitte Europas unvermeidbar, dass fremde Ausdrucksweisen zu uns gelangten: wie schon erwähnt aus dem Lateinischen natürlich, das über Jahrhunderte hinweg vor allem den Wortschatz in Kirche oder Kriegswesen prägte, uns aber auch noch eine ganze Reihe anderer niedlicher Bekundungen beschert hat wie den »Kavalier«, der im Vergleich mit seiner heutigen Bedeutung seinen wenig schmeichelhaften Ursprung im lateinischen Wort *Caballus* (Pferd) hat, bevor er über den Umweg eines reitenden »Kavalleristen« zum Frauenschmeichler wurde. Auch der »Dilettant«, der vom lateinischen *delectari* stammend eigentlich »erfreuen« sollte, hat hier seinen Ursprung, genauso wie die »Gaudi«, der »Mantel«, die »Promenade«, der »Pelz«, der »Sack« und sogar der »Wirsing«, der seinen Namen dem lateinischen *viridis* verdankt, das schlicht die Farbe Grün benennt, um nur einige wenige von vielen hundert Wörtern aufzuzählen, die unsere ursprünglichen germanischen Begriffe zum Teil vollständig verdrängt haben. Und deshalb weiß so gut wie niemand mehr, wofür der germanische »Lachi« einmal stand, bevor der lateinische »Doktor« oder der an sich griechische »Arzt« gebräuchlich wurden.

Überhaupt das Griechische: Daraus bedienten sich in erster Linie Wissenschaftler, weshalb wir heute von »Astrologen«, »Apotheken« und »Bakterien« sprechen, von »Biologie«, »Energie«, »Fotografie«, »Mathematik«, »Narkose« oder »Pädagogik«. Dass uns Römer und Griechen in sprachlicher Hinsicht um einiges voraus waren und viele ihrer Begriffe zunächst nur in bestimmte gesellschaftliche Schichten gelangten, lag eben einfach daran, dass man sich in südlicheren Gefilden Europas bereits anspruchsvollen geistigen Beschäftigungen wie der »Philosophie« zuwandte, während sich zur selben Zeit die Menschen ein paar tausend Kilometer weiter nordwestlich in Höhlen auf Bärenhäuten betteten, um ihren Met-Rausch auszuschlafen.

Während des Mittelalters drangen aufgrund der heimkehrenden Kreuzzügler und des an Bedeutung gewinnenden Handels darüber hinaus immer mal wieder Wörter mit arabischen Anknüpfungspunkten nach Mitteleuropa, sodass sich der »Alkohol«, der »Kaffee« oder der »Zucker« in unserer Sprache, und nicht nur dort, festsetzen konnten. Auch der durchweg erfreuliche »Rabatt« stammt aus dem Orient und sogar die aufgrund ihres Umlauts so deutsch klingende »Mütze«, die ihre linguistische Laufbahn als typischer arabischer Pelzmantel namens *Mustaqah* begann. Insgesamt verfügt die deutsche Sprache über geschätzt rund zweihundert sogenannte »Arabismen«,

und aufgrund des zunehmenden Einflusses dieser auf die Jugendsprache werden es zurzeit eher mehr, wie das Wörtchen »Sheeesh«
beweist, das inzwischen von vielen Jugendlichen als allgemein-
gültiger Ausruf des Erstaunens gebraucht wird, obwohl es an sich
bloß ein Kommando zum Anhalten eines Maulesels war. Und daher
müssen wir uns vermutlich noch sehr lange mit den ebenso nervigen
wie einfallslosen Unmutsbekundungen *Shit* und *Fuck* auseinanderset-
zen, die längst so viel fantasievollere deutsche Flüche wie »Donner-
wetter«, »Manometer«, »Scheibenkleister« oder »Schockschwerenot«
ersetzt haben. Dabei stellt nach Ansicht vieler Verhaltensforscher
kreatives Schimpfen einen äußerst wirkungsvollen Abbau von
Aggressionen dar und minderte im Laufe der Evolutionsgeschichte
erfreulicherweise auch das Risiko, dem Gegenüber die Keule über
den Schädel zu ziehen. Das aber nur am Rande.

Der französische Einfluss auf unsere Sprache wiederum erfolgte in
mehreren Schüben: Zunächst wurde das Rittertum zum Vorbild auch
an hiesigen Höfen, nachdem es links des Rheines längst als ideali-
sierter Lebensstil Einzug in die bessere Gesellschaft gehalten hatte.
Ab dem 11. Jahrhundert imitierte man es auch hier nach Kräften,
weshalb die Übernahme sprachlicher Besonderheiten dieses angesehenen Standes nur eine logische Folge war. Die ritterliche Rüstung
stellte also gewissermaßen die *Uniform* (französisch für Dienstklei-
dung) des Mittelalters dar, und zusammen mit ihr sollen allein im

13. Jahrhundert mehr als 700 neue Wörter aus dem Französischen ins Deutsche gelangt sein – die meisten davon hatten folgerichtig im weitesten Sinne etwas mit den Rittern zu tun: das »Turnier« etwa, das sich vom *Turniér* ableitet, die »Lanze«, die von der altfranzösischen *Lance* stammt, oder der »Panzer«, der als Schutzmantel ursprünglich *Pancier* hieß. Im Zuge all dessen gehörte es in wohlhabenden Häusern schnell zum guten Ton, einen Französischlehrer für den Nachwuchs anzustellen, um diesen auch sprachlich auf ein Leben als edler Kämpfer für Recht und Gesetz vorzubereiten.

Wie das aber so ist mit Dingen, die in *Mode* sind (ein Begriff, der übrigens ebenfalls aus dem Wortschatz unserer unmittelbaren westlichen Nachbarn stammt und dort schlicht einen »Brauch« beschreibt): Sie verlieren schnell ihren Reiz. Und so war es einige hundert Jahre später schon wieder vorbei mit der Ritterlichkeit – und damit erst mal auch mit dem Vorbildcharakter der französischen Lebensweise und damit auch ihrer Sprache. Die Handelswege orientierten sich nun eher in Richtung Italien, woraufhin viele der französischen Sprachanleihen wieder in Vergessenheit gerieten. Von den wenigen, die übrig geblieben sind, glichen sich die meisten dem Mittelhochdeutschen durch die Lautentwicklung an, weshalb es seitdem »Tanz« heißt statt *Danse*, »Reim« statt *Rime* oder »Jacke« statt *Jaque*.

Zu Zeiten Karls V. nahm der Einfluss des Französischen dann langsam wieder zu. Der Mann war ein in Gent geborener Habsburger, und weil diese umtriebige Adelsfamilie seit dem Spätmittelalter räumlich kräftig expandierte, wurde er nach dem Tod seines Vaters ab 1516 als Carlos I. zunächst König von Spanien, bevor er sich wenige Jahre später den Rest des Heiligen Römischen Reiches – und damit auch den deutschen Sprachraum – untertan machte und zum Kaiser ausrufen ließ. In dieser Funktion ist von ihm, der außer Spanisch noch mehrere andere Fremdsprachen sprach, der unschöne Satz überliefert: »Wenn ich mich im Gebet an Gott wende, dann auf Spanisch; mit meiner Geliebten spreche ich italienisch, mit meinen Freunden französisch; mit meinen Pferden spreche ich deutsch.« Ob er das wirklich so gesagt hat, lässt sich nicht zweifelsfrei belegen. Sicher ist jedoch, dass Karl V. als bekennender Anhänger des Humanismus Französisch, das auch seine in Gent gebräuchliche Muttersprache war, immer wieder förderte. Und so verdankt die deutsche Sprache seiner Amtszeit zahlreiche daraus entlehnte Verben, die auf -ieren enden wie »revanchieren«, »engagieren« oder »arrangieren«. Immerhin um die 150 französische Ausdrücke wurden in dieser Phase eingedeutscht.

Nach dem Dreißigjährigen Krieg von 1618 bis 1648 orientierte sich das darniederliegende Gebiet des heutigen Deutschland dann erneut an dem während der entbehrungsreichen Kriegsjahre kulturell weit enteilten Frankreich. So wurde die *Grande Nation* unter ihrem Herrscher Louis XIV. für die oberen Gesellschaftsschichten zum uneingeschränkten Vorbild in Kunst, Literatur und Stil. Die deutschen Fürsten mühten sich nicht nur, so auszusehen und zu leben wie ihre Ideale. Sie wollten auch landauf, landab das sagenumwobene Schloss Versailles gestalterisch kopieren. Auf diese Weise gelangten nicht nur jede Menge kleine Nachbildungen des Riesenpalastes zu uns wie zum Beispiel in Schleißheim, Mannheim oder Karlsruhe, sondern auch eine ganze Reihe französischer Begriffe aus dem Bauwesen in den deutschen Wortschatz: der *Balkon*, die *Fassade*, die »Nische« *(Niche)*, die *Terrasse* oder das *Parterre* zum Beispiel. Und damit nicht genug! Auch die *Garderobe* (ursprünglich die französische Bezeichnung für ein »Kleidungszimmer«) wurde ganz nach französischer Art ausgestattet: Von den »Pantoffeln« (französisch: *Pantouffle*) über die Weste *(Veste)* und den *Rock* bis zu »Manschetten« *(Manchettes)* und der Perücke *(Peruque)* reichten die *Accessoires*, mit denen man sich nur zu gerne schmückte, wenn man es sich leisten konnte.

Die vielen wegen der Religionskriege in die protestantischen Teile Deutschlands geflüchteten Hugenotten sorgten zusätzlich für die weitere Verbreitung ihrer ursprünglichen Landessprache in der neuen Heimat. Die zehntausend Neubürger, die sich vor allem in der Pfalz, in Berlin, Brandenburg, Hamburg und Franken niederließen, sorgten dafür, dass sich viele französische Begriffe auch in der deutschen Umgangssprache durchsetzten – wie man noch heute bei der *Boulette*, dem *Trottoir* oder der *Boutique* erkennen kann. Ihre Sprache durften die Verfolgten im Exil schließlich ausdrücklich beibehalten, und weil sie sich ansonsten sehr schnell integrierten, nahmen die zunächst sehr skeptischen Einheimischen viele Innovationen der Glaubensflüchtlinge auf. Außerdem brachten diese einige spannende kulinarische Neuerungen wie Spargel, Salat, Blumenkohl, Artischocken und Konfitüre mit und prägten die in Deutschland bis dahin unbekannten Berufsbilder des *Patissiers*, des *Confiseurs*, aber auch des Hut- und Perückenmachers, Buchbinders und Tapezierers.

Am Hofe indes sprach und schrieb man gerne *Alamode* – eine skurrile französisch-deutsche Mischversion, die dem heutigen Denglisch nicht unähnlich war. Auch damals ging es vor allem darum, sein Gegenüber mit der eigenen Weltläufigkeit zu beeindrucken und in einen Dialog oder einen Briefwechsel an passenden und oftmals auch unpassenden Stellen französische Wörter einfließen zu lassen. Die feineren Herrschaften redeten sich daher in der Regel ausschließlich mit *Madame* und *Monsieur* an und bemühten sich, jeden Satz mit mindestens einem Fremdwort zu *garnieren*. Man streute zudem jede Menge nutzlose Füllwörter wie *maintenant, bientôt* oder *tout de suite* ein und gab vor allem bei Höflichkeitsfloskeln überall dort, wo man es für angebracht hielt, dem französischen Begriff den Vorzug vor dem deutschen.

Auf die Spitze trieb diese Entwicklung Friedrich II. Der »Alte Fritz«, der zum Zeitpunkt seiner Amtsübernahme als König in Preußen gerade einmal 28 Jahre jung war, besaß eine, sagen wir mal, etwas vorbelastete Beziehung zu seiner Muttersprache – oder wahrscheinlich in diesem Fall zur Sprache seines Vaters. Mit dem verband ihn nämlich ein nicht allzu inniges Verhältnis, weil er sich als Kronprinz weniger den militärischen Idealen des Seniors unterordnen, sondern lieber den feinen Künsten zuwenden wollte. Er bekam von seinem Privatlehrer, der ein Hugenottenflüchtling war, heimlich Literatur- und Lateinunterricht, nahm Flötenstunden und interessierte sich für die hohe Dichtkunst. Friedrich Wilhelm I. empfand das Verhalten seines ältesten Zöglings hingegen als unwürdig. Nach einem gescheiterten Fluchtversuch nach Frankreich, den der Filius zusammen mit seinem Vertrauten Hans Hermann von Katte unternehmen wollte, ließ der Vater diesen vor den Augen seines Sohnes köpfen. Kein Wunder, dass Friedrich II. nach dem Tod seines alten Herren nur wenig mit ihm gemein haben wollte. Auch die Sprache nicht.

Das Zerwürfnis mit dem Vater mag also einer der Gründe für seine Hinwendung zum Französischen gewesen sein, die eines Tages in der innigen Freundschaft zum damals sehr angesagten Pariser Dichter Voltaire gipfelte. Bereits wenige Wochen nach Friedrich Wilhelms Ableben gastierte der bereits berühmte französische Literat erstmals auf Schloss Rheinsberg. Natürlich vermochte Voltaire kein Wort Deutsch zu sprechen, was aber kein Problem darstellte: Der rund 18 Jahre jüngere Friedrich II. beherrschte, seiner Ausbildung sei Dank, fließend Französisch – wie auch die meisten anderen der intellektuellen Gäste, die der Jungkönig hier und später auch auf Schloss *Sanssouci* empfing, das er von 1745 bis 1747 nach ebenso französischem Vorbild in Potsdam errichten ließ und auch der Bezeichnung nach ganz am Französischen ausrichtete. Wie es der Name der Sommerresidenz schon verrät, wollte Friedrich Zwo dort gerne sorgenfrei leben.

Wie sein Vorbild Voltaire betätigte sich auch der preußische Regent als Literat, wiewohl all seine Werke selbstverständlich ausschließlich in französischer Sprache gehalten waren. Natürlich verfasste er auch seine boshafte Abrechnung über die deutsche Literatur und ihre vermeintlichen Mängel in dieser Fremdsprache. Dem ansonsten allseits umjubelten Johann Wolfgang von Goethe konnte er nichts abgewinnen und bezichtigte ihn gar, für das Drama *Götz von Berlichingen* inhaltlich und stilistisch bei William Shakespeare geklaut zu haben. Auch andere bekannte zeitgenössische deutsche Schriftsteller wie Gotthold Ephraim Lessing fanden bei Friedrich dem Großen kaum Anklang. Sich selbst bezichtigte der Monarch halb ironisch der *Métromanie*, was man am ehesten mit »Reimsucht« übersetzen kann. Für Deutsch hatte er dabei nur Verachtung übrig: Er pflegte die Sprache nicht weiter und beherrschte sie irgendwann auch nicht mehr fehlerfrei – und wenn er sie benutzte, dann war sein Deutsch gerade einmal gut genug, um seine »Bediensteten zu schelten und die Truppen zu befehligen«, so notierte Voltaires Biograf Jean Orieux aufschlussreich den Stellenwert, den das Deutsche seinerzeit in der Oberschicht genoss. Von Voltaire persönlich ist überliefert, er sei jedes Mal aufs Neue erstaunt gewesen, wie weit verbreitet seine Landessprache in der Fremde sei. Und dass Deutsch bloß für Soldaten und Pferde sei.

Nur die immer populärer werdende einheimische Literaturszene, in der neben Goethe auch Friedrich Schiller, die Gebrüder Grimm oder Johann Gottfried Herder große Erfolge auch bei der nichtadeligen Bevölkerung feierten, verhinderte, dass der Einfluss der französischen Sprache auf das Deutsche noch größer wurde. Doch auch so schwappte dank Friedrich die dritte Welle an Gallizismen – etwa die *Noblesse*, das *Pendant* oder die *Tristesse* – in unseren Wortschatz herüber, was sich nach dem Tod des Alten Fritz 1786 durch die wenige Jahre später stattfindende Französische Revolution noch verstärkte – zumal sich ein weiterer Migrantenstrom auf den Weg zu uns machte. Nach dem politischen Umbruch war die Vorbildrolle

Frankreichs nicht nur beim Adel angekommen, sondern hatte sich auf weitere gesellschaftliche Bereiche ausgeweitet: Dichter und Wissenschaftler, aber auch die Jugend wollten die Errungenschaften des Sturms auf die Bastille nach Deutschland übertragen. Damit gingen Begrifflichkeiten wie »Koalition«, »Komitee«, »Rebellion«, »Sekretär« oder »liberal« einher – und auch die allseits geschätzte »Bürokratie«, die wir etymologisch der französischen *Bueraucratie* verdanken und die hernach von Preußen aus zumindest sprachlich nicht gerade eine neue Hochkultur prägte mit ihren bereits geschilderten wunderlichen Wortschöpfungen. Von Napoleons nicht ganz freundschaftlichen militärischen Stippvisiten in Berlin anno 1806 und 1812 blieben unter anderem die Entlehnungen »todschick« (von *tout de chic*), »Querelen« (von *Querelle*) oder »etepetete« (von *etre peut-etre*) haften.

In den Hochzeiten zählte man im Deutschen einige tausend französische Wörter, allerdings verblieben sie oftmals nur im gesprochenen Wort, was mit ein Grund dafür gewesen sein dürfte, dass das Französische später, im Laufe des 19. Jahrhunderts, in der deutschen Sprache massiv an Bedeutung verlor. Organisierte Sprachpuristen wie der »Allgemeine Deutsche Sprachverein« taten ihr Übriges und hielten vielen französischen Begriffen neue deutsche Wortschöpfungen entgegen. Und so wurde aus der bis dahin gängigen *Chaussee* die »Landstraße«, aus dem *Billet* der »Fahrschein« und aus dem *Conducteur* der »Schaffner«. Später musste dann noch das *Milieu* der »Umwelt« weichen, aus dem *Parterre* wurde das »Erdgeschoss«, und die *Garage* sollte nach der Erfindung des *Automobils* – oder besser gesagt des »Kraftfahrzeugs« – allen Ernstes und ganz offiziell

»Kraftwagenschuppen« heißen. Zumindest Letzterer hat sich glück-licherweise nicht im allgemeinen Sprachgebrauch durchgesetzt: Noch immer sagt man meistens *Garage*, wenn man eine Behausung für ein Auto meint. Und auch die *Toilette*, die dauerhaft den »Abort« ersetzte, die *Limonade*, die das »Erfrischungsgetränk« überlebte, und die *Sauce* oder »Soße« für die altdeutsche »Tunke« klingen irgend-wie dann doch etwas »vornehmer«. Oder – um im Sprachraum zu bleiben – geradezu *elegant* ...

THE MUHLENBERG-LEGEND

Vie Deutsch möglicherweise vielleicht beinahe
ast Amtssprache in den USA geworden wäre

Es gibt zwei gängige Arten, wie sich eine Sprache außerhalb des ursprünglichen Territoriums, in dem sie gesprochen wird, verbreiten kann: durch Völker- beziehungsweise Auswanderung. Oder, etwas weniger friedlich, durch Eroberung. In beiderlei Hinsicht waren dem Deutschen keine besonders nachhaltigen Erfolge vergönnt – obwohl im Laufe der Weltgeschichte durchaus einige Male wenigstens theoretisch die Möglichkeit bestanden hätte, dass unsere Ausdrucksweise auch ebendiese von Menschen fernab des eigentlichen Sprachraums geworden wäre, der heute vorwiegend die etwas mehr als 100 Millionen Einwohner Deutschlands und Österreichs, drei Viertel der Bevölkerung Südtirols und des deutschsprachigen Teils der Schweiz sowie des Fürstentums Liechtenstein umfasst. Nun sind 100 Millionen nach einer so viele Jahrhunderte während Sprachhistorie einerseits natürlich eine durchaus stattliche Anzahl an Sprechern, verglichen etwa mit Aramäisch, das dereinst vor knapp

3.000 Jahren von beinahe der halben Erdbevölkerung gesprochen wurde und heute gerade einmal eine halbe Million verbliebener und auf ein halbes Dutzend arabischer Länder verteilte Sprecher verzeichnet. Betrachtet man andererseits aber europäische Konkurrenten wie Portugiesisch mit 240 Millionen auf dem Erdball verteilten Muttersprachlern, Französisch (300 Millionen), Englisch (350 Millionen) oder Spanisch (570 Millionen), dann kann von einer Weltsprache nicht die Rede sein. Und das hat mehrere Gründe.

Da wäre zum einen die Sache mit der Auswanderung. Der erste namentlich bekannte deutsche Auswanderer in die neue Welt war ein Mann namens Franz Daniel Pastorius. In Unterfranken als Sohn eines angesehenen Bürgermeisters geboren, verließ er 1683 seine Heimat. Zusammen mit 13 gläubigen Familien aus Krefeld, die mit ihm das Schiff in Richtung Neue Welt bestiegen hatten, ließ sich Pastorius in der Nähe der gerade einmal zwei Jahre zuvor gegründeten Stadt Philadelphia nieder und errichtete eine kleine Ortschaft mit dem schönen Namen Germantown – es war die erste deutsche Ansiedlung in Amerika. Wie es der Name schon verhieß, war in Germantown nahezu alles irgendwie deutsch: Der Baustil der Siedlungshäuser erinnerte ebenso an das frühere Zuhause wie die lutherische Kirche, die Papiermühle oder die urigen Wirtshäuser, die sich im Laufe der Jahre und nach der Ankunft neuer deutscher Auswanderer dort etablierten.

Idealerweise betätigte sich Pastorius auch als Schriftsteller, sodass die Voraussetzungen für eine weitere Verbreitung der deutschen Sprache in Übersee ganz gut hätten sein können – wäre der Franke nicht ein erstaunlich weitsichtiger, kluger und aufgeklärter Mann gewesen, dessen Überzeugung es war, man müsse seine Wurzeln zwar pflegen, aber eben auch möglichst schnell die Gegebenheiten der neuen Umgebung verstehen. Und so predigte er nicht nur, seine Landsleute mögen doch zügig und umfassend die englische Sprache erlernen. Er fungierte auch als Universalgelehrter, der bereits wenige Jahre nach seiner Ansiedlung in Übersee eine Fibel in der Landessprache verfasste, die sogleich das erste amtliche Schulbuch des Staates Pennsylvania wurde.

In den Jahrzehnten danach schwappten immer wieder größere Auswanderungswellen von Deutschland aus über den Atlantik: 1709 etwa machten sich an die 10.000 Pfälzer aufgrund einer großen Hungersnot auf den Weg nach Nordamerika, und auch im weiteren Verlauf des 18. Jahrhunderts setzte die massive Bevölkerungszunahme in Südwestdeutschland regelmäßig Massenbewegungen in das gelobte Land in Gang, das scheinbar so viel mehr an Platz und Möglichkeiten bot als die ausgezehrte Heimat, die zudem jahrelang mit schlimmen Ernteausfällen zu kämpfen hatte. Jedoch machten sich auch die meisten dieser hinzugekommenen Deutschen zunächst Pastorius' Losung zu eigen. Untereinander sprach man zwar Deutsch, im Zusammenleben mit den zuvor hauptsächlich aus England eingewanderten Bewohnern jedoch mühte man sich redlich, deren Umgangsformen anzunehmen und sich auf Englisch zu verständigen.

Trotzdem gab es in jenen bewegenden Jahren eine nicht zu unter-
schätzende Bewegung, die der englischen Sprache recht misstrau-
isch gegenüberstand. Diese Skepsis jedoch bestand vorwiegend auf
amerikanischer Seite: Denn nach der Unabhängigkeitserklärung von
1776 und dem bis 1783 andauernden Unabhängigkeitskrieg wollten
sich viele Bürger und auch Offizielle endlich von den imperialisti-
schen Machthabern aus der alten Welt lossagen. Schließlich hatten
die englischen Besatzer ihre 13 fernab des Königreichs gelegenen
Kolonien jahrelang nach Kräften ausgebeutet, ihnen die freie Wahl
der Handelspartner untersagt und hohe Steuern erhoben, ohne dass
ihnen ein Mitspracherecht im Britischen Parlament eingeräumt wurde. Daher wagten zahlreiche amerikanische Politiker nach dem Ende
des Krieges und der Entstehung der Vereinigten Staaten regelmäßig
Vorstöße, Englisch als vorherrschende Landessprache zurückzudrän-
gen und einen historisch weniger belasteten Ersatz für die immer
größer werdende Bevölkerung zu suchen: Hebräisch zum Beispiel,
Griechisch, Latein, vielleicht eine Mischform aus all dem oder gar
eine der zahlreichen indigenen Sprachen der Ureinwohner Amerikas.
   Allerdings stand diesem emanzipatorischen Vorhaben ein nicht
unerhebliches Problem im Wege: Die meisten Bewohner von Neu-
england im Norden über die mittleren Kolonien um New York herum
bis hin nach Georgia, Virginia, Maryland sowie North und South
Carolina im Süden beherrschten logischerweise gar keine andere
Sprache als Englisch. Die meisten von ihnen stammten schließlich
selbst vorwiegend von den englischen Invasoren ab, seit die Briten
sich im Rahmen der Eroberungsaktivitäten von Königin Elisabeth I. zu
Beginn des 17. Jahrhunderts an der Ostküste niedergelassen hatten.
Es war also gar nicht so einfach, das Englische loszuwerden.

Inzwischen hatten sich jedoch auch in Virginia zahlreiche deutschsprachige Siedler häuslich eingerichtet. Und zwar immerhin so viele, dass man davon ausging, jeder zehnte Einwohner dort spreche Deutsch. Im benachbarten Pennsylvania sollen, Pastorius' Pioniergeist sei Dank, sogar rund ein Drittel aller dort lebenden Menschen gebürtige Deutsche oder Österreicher gewesen sein. Gleichzeitig stellten sich dann doch die ersten Schwierigkeiten bei der Integration ein: Nicht jeder neue Einwanderer war in der Lage, so schnell und gut Englisch zu lernen, wie es sich der fränkische Vordenker anfangs gewünscht hatte. Immer öfter flammten Konflikte mit der englischsprachigen Bevölkerung auf, und vor allem religiöse Minderheiten, wie die aus Friesland stammenden Mennoniten, schotteten sich immer weiter ab. Aus Sicht der Deutschen lag es also nahe, ihrer ursprünglichen Sprache einen höheren Stellenwert in den USA zu verleihen, und angesichts der zunehmenden, lagerübergreifenden England-Feindlichkeit schien die Gelegenheit günstig.

Und so trug am 9. Januar 1794 eine Gruppe von deutsch sprechenden Einwanderern dem US-Repräsentantenhaus die dringende Aufforderung vor, alle Gesetzestexte künftig auch in ihrer Muttersprache zu veröffentlichen – nur dadurch könne die Akzeptanz für die jüngst eingeführte Legislative bei den eigenen Leuten garantiert werden. An diesem Punkt indes kam jener danach berühmt-berüchtigt gewordene Frederick Muhlenberg ins Spiel, ein amerikanischer Politiker deutscher Abstammung, der es kurz zuvor zum ersten Sprecher des Repräsentantenhauses gebracht hatte: Auf seinem Schreibtisch landete das Ansinnen der deutschen Gruppe, und wenig später wurde der Antrag ins Parlament eingebracht – und mit 42 zu 41

Stimmen abgelehnt. Ob ausgerechnet Muhlenberg den Landsleuten seiner Vorfahren die Zustimmung ebenfalls verweigerte und somit die Abstimmung letztlich entschied, ist bis heute nicht bekannt, aber die Vermutung liegt nahe. Sein Standpunkt glich nämlich dem von Franz Pastorius: Die Deutschen sollten lieber Englisch lernen als die Amerikaner Deutsch – was ja an sich auch Sinn ergab, denn die Mehrzahl der dortigen Bewohner sprach eben Englisch.

Das an einer Stimme gescheiterte Vorhaben ging als »Muhlenberg-Legende« in die Geschichtsbücher beider Länder ein, und Verschwörungstheoretiker witterten den ganz großen Plan hinter der Verhinderung eines größeren deutschen Einflusses in den USA. Fakt ist jedoch, dass es niemals eine Abstimmung darüber gegeben hat, ob Deutsch womöglich Amtssprache in den Vereinigten Staaten oder auch nur eines Teils davon werden sollte. Sondern eben nur diesen, wenn auch offiziell geäußerten, Wunsch hinsichtlich einer Übersetzung der Gesetze auch ins Deutsche, der sich schlussendlich nicht erfüllte.

Das Gedankenspiel ist freilich dennoch reizvoll: Hätte das Repräsentantenhaus dem Gesuch der Virginia-Deutschen entsprochen, hätte dies zumindest den Beginn einer deutlich größeren Bedeutung unserer Sprache in den USA markieren können. Wie die Weltgeschichte danach weiter verlaufen wäre, ist natürlich reine Spekulation und beschäftigt seit Jahrhunderten fantasievolle Historiker. Unter Umständen hätte es Deutsch in der Folge eines derartigen Erlasses zumindest zur zweiten anerkannten US-Amtssprache gebracht. Möglicherweise wäre dann ja später Deutschland anstelle des seinerzeit so skeptisch beäugten Englands der kulturelle Bezugspunkt Amerikas geworden. Und wer weiß, wie sich das auf die weitere Geschichte Deutschlands ausgewirkt hätte. So bleibt es am Ende aber immerhin eine schöne Anekdote.

Auch auf der anderen Seite des Atlantiks setzte sich die deutsche Sprache im Heiligen Römischen Reich Deutscher Nation, das bis 1806 Bestand haben sollte, keineswegs selbstverständlich durch. Man sprach verschiedene nieder-, ober- und mitteldeutsche Dialekte, hier und da ein wenig Italienisch, etwas Französisch, natürlich Latein und im Osten Slawisch in diversen Varianten. Kaiser Joseph II. plante aufgrund dieses babylonischen Sprachgewirrs, überall in seinem Herrschaftsgebiet Deutsch als vorherrschende Ausdrucksweise zu etablieren. Joseph und seine mit ihm amtierende Mutter Maria Theresia galten als große Reformer des Bildungswesens. Der junge Kaiser, der als erster Habsburger die Geschicke des Riesenreiches lenkte, widmete sich besonders in seiner Funktion als Erzherzog von Österreich der deutschen Sprache – und mühte sich jahrelang um eine Vereinheitlichung der Verständigung, die vorwiegend mit den östlich gelegenen Gebieten wie Ungarn kaum möglich war, weil etwa niemand außer den Ungarn selbst Ungarisch verstand. Doch sein Vorhaben ging nicht auf, weil kaum jemand bereit war, seine sprachlichen Wurzeln zugunsten einer einheitlichen Amtssprache aufzugeben.

Seine Nachfolger in der später dann österreichisch-ungarischen Monarchie versuchten ebenfalls mehrfach vergeblich, das 1780 noch von Joseph II. als offizielle Nachfolgesprache verschiedener alemannischer und bairischer Dialekte eingeführte »Österreichische Deutsch« überall im Reichsgebiet als Standardsprache durchzusetzen. Aber die verschiedenen Ethnien im Vielvölkerstaat weigerten sich noch immer beharrlich, die eher hochgestochene Ausdrucksform des verhassten Wiener Beamtentums zu übernehmen. Sie sprachen weiter Ungarisch, Tschechisch, Serbisch, Kroatisch, Ukrainisch, Rumänisch, Slowenisch oder Slowakisch – und waren auch ziemlich stolz darauf. Die Regenten von Leopold VI. bis Karl I. hatten allesamt das Nationalbewusstsein der einzelnen Volksgruppen in ihrem unüberschaubaren Verantwortungsbereich unterschätzt. Und so trug auch die bereits von Beginn der K.-u.-K.-Herrschaft an äußerst unzureichende Kommunikation gepaart mit einem immer stärker werdenden Nationalismus letztlich zum Untergang des Habsburgischen Reiches im Jahr 1918 bei.

Aus sprachlicher Hinsicht nicht viel besser endete die Verbreitung des Deutschen in den Kolonien, die Deutschland zeitweilig besaß. Überhaupt waren die hiesigen Bestrebungen, ebenso wie die europäischen Vorbilder England oder Spanien eine veritable Kolonialmacht zu sein, nicht wirklich von Erfolg gekrönt: Schon der erste Vorstoß der von hanseatischen Kaufleuten gegründeten »Hamburger Kolonialgesellschaft«, für etwaige deutsche Auswanderer die Chathaminseln nordöstlich von Neuseeland zu erwerben, scheiterte an den älteren Ansprüchen der britischen Krone. Preußens Versuch, sich das in chinesischen Gewässern befindliche Formosa – das heutige Taiwan – anzueignen, ging wegen des viel zu durchschlagsschwachen militärischen Geschwaders vor Ort gehörig schief. Und die

Erkundung Patagoniens als mögliches neues Kolonialgebiet wurde aufgrund von Erschöpfungserscheinungen der Schiffsbesatzung kurz vor der Ankunft in Südamerika abgebrochen.

Erst mit dem Erwerb von größeren Besitzungen in Südwestafrika und Kamerun 1884 sowie von Togo und Nordost-Neuguinea ein Jahr später stieg Deutschland kurzzeitig zu einer der größten Kolonialmächte der Welt auf. Zwar ging mit der durch Otto von Bismarck nach anfänglichem Zögern schnell vorangetriebenen Kolonialisierung in Afrika und Ostasien auch eine gewisse sprachliche Prägung dieser Ländereien einher: So wurden Hunderte Ortschaften und Straßen nach deutschen Vorbildern benannt, und überall, wo nun die deutsche Flagge wehte, wurden deutsche Schulen gegründet und unverzichtbares deutsches Kulturgut wie Brauereien, Weinhäuser und Bäckereien errichtet. Obwohl Deutsch aber in den Kolonien die einzig anerkannte Amtssprache war, konnte es sich nirgendwo bei der Bevölkerung durchsetzen, was oftmals auch an der geringen Anzahl an Deutschen selbst gelegen haben mag, die dort wohnten: Bisweilen wurden von zu Hause aus nur wenige Dutzend Verwaltungsbeamte in die fernen Reichsgebiete entsandt.

Weil also die Bemühungen nach einer flächendeckenden Ausbreitung der deutschen Sprache nur äußerst mäßig voranschritten, wurden während des Ersten Weltkriegs gleich mehrere Gelehrte beauftragt, Konzepte auszuarbeiten, wie es doch noch gelingen könnte, aus der deutschen Sprache eine internationale *Lingua Franca*, also eine weithin anerkannte Verkehrssprache, zu machen. So entwarf der Kolonialbeamte Emil Schwörer 1916 eine 62-seitige

Broschüre über ein »Kolonialdeutsch« für die Verwendung in den Überseeterritorien, das einige Grundzüge der deutschen Grammatik, aber auch Einflüsse des Englischen sowie der Stammessprachen Bantu und Swahili enthielt. Parallel dazu entwickelte der Naturwissenschaftler Wilhelm Ostwald einen Plan für ein sogenanntes »Weltdeutsch«, das gewissermaßen als abgespeckte Variante des Originals überall auf der Welt Verwendung finden und so dem Deutschen endlich zum globalen Durchbruch verhelfen sollte. Vielleicht hätte man nicht unbedingt einen Träger des Chemie-Nobelpreises mit der Umsetzung eines solchen Vorhabens beauftragen dürfen – von einem »Weltdeutsch« jedenfalls hat man nach den ersten unvollständigen Skripten Ostwalds nie wieder etwas gehört und von einem »Kolonialdeutsch«, dessen Wortschatz sich ohnedies auf gerade einmal 500 Begriffe beschränkte, auch nicht – was natürlich auch daran gelegen haben mochte, dass die Zeit Deutschlands als Kolonialmacht nach Kriegsende im Rahmen des Versailler Friedensvertrags von 1919 ohnehin wieder vorbei war. Selbst das kleine Pachtgebiet Kiautschou an der ostchinesischen Küste musste an das Kaiserreich Japan abgetreten werden, ohne dass dort jemals ein einziges Wort Deutsch gesprochen worden war.

Heute wird Deutsch außerhalb des deutschen Sprachraums in Europa nur noch in Namibia, dem ehemaligen Deutsch-Südwestafrika, gesprochen, und selbst dort nur von einer Minderheit der Bevölkerung – sicherlich auch dadurch bedingt, dass die wenigen deutschen Siedler alle anderen Kolonien nach Inkrafttreten der Versailler Regelung umgehend verlassen mussten. Immerhin knapp 20.000

Namibier bezeichnen sich noch immer als deutsche Muttersprachler, und neben einigen erhalten gebliebenen Ortsnamen wie Lüderitz, Warmbad oder Möwenbucht sowie Schildern, die etwa in der Hauptstadt Windhoek auf die Bismarck-, die Sperlingslust- oder die Gartenstraße hinweisen, gibt es dort mit der »Allgemeinen Zeitung« noch ein deutschsprachiges Medium. Ansonsten spricht man auch in Namibia längst vorwiegend Englisch.

In Germantown wiederum, das schon seit über 160 Jahren ein eingemeindeter Vorort von Philadelphia ist, zählt die deutsche Sprache sowieso nur noch zur Folklore: Die letzten deutschstämmigen Bewohner zerstreuten sich in den Sechzigerjahren des 20. Jahrhunderts in alle möglichen Landesteile und nahmen die wenigen kulturellen Reste der deutschen Vergangenheit mit. Lediglich zum alljährlich im September stattfindenden »Germantown-Festival« gibt es, vermutlich als kleine Reminiszenz an die früheren Siedler, ein vermeintlich typisch deutsches Dackelrennen und einen Apfelkuchenstand.

Nur an ganz wenigen Orten hat sich Deutsch oder zumindest so etwas Ähnliches als wirklich ernst zu nehmende Sprachform halten können – etwa in Fredericksburg im Bundesstaat Texas, wo die deutschen Einwanderer ebenfalls einst die größte Bevölkerungsgruppe stellten und zu Ehren Prinz Friedrichs von Preußen eine Siedlung namens »Friedrichsburg« gründeten. Auch wenn aus Friedrich irgendwann Frederick wurde, existiert noch immer die »Vereinskirche«, in der Mitte des 12.000-Einwohner-Städtchens befindet sich der »Marktplatz«, und die Gaststätten heißen »Der Lindenbaum«, »Ratskeller« oder – besonders nett – »Zum Ausländer«. Geschätzt 10.000 bis 20.000 Menschen in dieser Gegend beherrschen bis heute eine Mundart, die »Texasdeutsch« genannt wird. Sie hatte früher zwar ein Vielfaches an Sprechern, aber immerhin überlebte sie das Gebrauchsverbot der deutschen Sprache im öffentlichen Leben, das die amerikanischen Behörden nach dem Ersten Weltkrieg und noch einmal nach dem Zweiten Weltkrieg erließen. Heute gilt »Texasdeutsch« nicht mehr als verpönt oder gar verboten, sondern als erhaltenswertes Kulturgut und wird vorwiegend in Liederkreisen oder Gottesdiensten gepflegt.

So bleibt zu hoffen, dass das »Stinktier« zumindest in und um Fredericksburg noch lange »Stinkkatze« heißt, das »Flugzeug« ganz altmodisch ein »Luftschiff« bleibt und anstatt der Präposition »ohne« das nette vom englischen *without* abgeleitete Wörtchen »mitaus« verwendet wird.

MEANINGLESS UNTIL 1923

Wie das Englische überhaupt unsere dominierende Fremdsprache werden konnte

Aufgrund der Rolle, die das Englische heutzutage in unserem Alltag einnimmt, könnte man annehmen, dass Englisch schon lange die wichtigste Fremdsprache bei uns ist. Doch das ist ein Trugschluss: Erst 1923 löste Englisch das konkurrierende Französisch als erste Fremdsprache an den weiterführenden Schulen ab. Dieses Jahr, in dem Gustav Stresemann Reichskanzler wurde, Adolf Hitler zu putschen versuchte und die Reichsmark einen dramatischen Wertverlust verzeichnete, kann also aus heutiger Sicht als Wendepunkt dessen angesehen werden, wie das Englische und das Französische in Deutschland wahrgenommen wurden. Bis dahin konnte der durchschnittliche deutsche Pennäler zwar problemlos die französischen Wochentage von *Lundi* bis *Dimanche* aufzählen sowie Floskeln wie *Bonjour*, *Au Revoir* und *Excusez-moi* aufsagen, verstand aber bei einer englischen Frage oftmals nur *Railway Station*.

Überhaupt galt es bis ins 16. Jahrhundert hinein als vollkommen ab-
wegig, die Sprache eines anderen Staates zu erlernen. Warum sollte
man dies auch tun, wenn man sich ohnehin nur im Umkreis von
wenigen Kilometern um seinen Heimatort herum bewegte?

Später dann, als die Handelsbeziehungen zu anderen Ländern
immer wichtiger wurden und die Menschen zu reisen begannen, wandten sich der Adel und teilweise auch die wohlhabende
Stadtbevölkerung verstärkt dem Französischen zu, der Sprache der
kulturell und politisch führenden europäischen Nation, während die
Gelehrten und Kirchenvertreter weiterhin ihr gutes altes Latein oder
Altgriechisch studierten, um sich vom gemeinen Volk sprachlich und
schriftlich abgrenzen zu können – auch wenn die von Martin Luther
bis 1534 ins Deutsche übersetzte Bibel den Kirchenvertretern die
Vormachstellung über die Interpretation des göttlichen Wortes nahm
und es so allen Menschen zugänglich machte, die lesen konnten.
In diesen Zeiten spielte die Sprache der Angelsachsen im restlichen
Europa kaum eine Rolle.

Erst mit dem vielleicht allerersten literarischen Weltbürger William
Shakespeare, dessen Werke bereits zu seinen Lebzeiten von zahlreichen Wanderbühnen auch in deutschen Landen aufgeführt worden
waren, entstand zu Beginn des 17. Jahrhunderts auch bei uns ein
größeres Bewusstsein für die englische Kunst und Kultur. Gleichwohl
mussten die meisten Stücke des sagenumwobenen *Star-Writers*
aus Stratford-upon-Avon mühsam übersetzt werden, weil sie sonst
kein einziger Zuschauer außerhalb Englands verstanden hätte. 1720
erschien dann, gerade einmal ein Jahr nach dem englischsprachigen
Original, die deutsche Ausgabe von Daniel Defoes *Robinson Crusoe*,

was zu einem ersten Verständnis für die angelsächsische Perspektive führte. Der von 1750 bis 1782 bestehende Stralsunder »Privatverein zum Studium der englischen Sprache und Literatur« befand sich zwar noch weitgehend allein auf weiter Flur, aber er war ein Vorbote dessen, was kommen sollte. Englische Bücher jedoch waren in deutschen Buchhandlungen nicht zu bekommen. Dafür hätte man nach England reisen müssen, aber wer konnte das damals schon.

Die ersten Deutschen, die begannen, sich eingehender mit Englisch zu beschäftigen, waren Gelehrte und Kaufleute. Latein verlor auch dank Luthers Errungenschaften stetig an Bedeutung, und viele Mediziner und Juristen fanden in englischen Schriften ganz neue wissenschaftliche Ansätze, wie sie in entsprechenden französischsprachigen Werken noch nicht veröffentlicht worden waren. Vor allem aber im Bereich des Warenhandels bekam Englisch einen enormen Auftrieb, denn überall dort, wo sich Geld verdienen ließ, herrschte schon immer eine größere Bereitschaft zur Internationalisierung. Und mit England und seinen Kolonien ließen sich plötzlich gute Geschäfte machen, vor allem von den Hansestädten aus.

Flächendeckend freilich war all dies noch lange nicht. Höchstens die Söhne und noch viel seltener die Töchter betuchter Familien konnten mithilfe eines Privatlehrers Englisch lernen, so wie es der junge Johann Wolfgang und seine Schwester Cornelia aus dem Hause Goethe durften. Insgesamt acht Hauslehrer kümmerten sich neben Vater Johann Caspar um die Bildung der Kinder, und so gehörten die beiden Goethe-Geschwister zu den verschwindend wenigen Jugendlichen, die Mitte des 18. Jahrhunderts fließend Englisch sprechen konnten. Englischsprachigen Schulunterricht für die Allgemeinheit indes fand man zu dieser Zeit allenfalls an einigen wenigen höheren Schulen und Akademien, die kreuz und quer im zerklüfteten Reich verteilt waren. Erst deutlich später, im Jahr 1832, wurden in Preußen die sogenannten »Realanstalten« einer staatlichen Aufsicht unterstellt – und nicht zuletzt wegen der von England ausgehenden industriellen Revolution wurde zaghaft ein verbindlicher Platz für Englisch im Lehrplan geschaffen, um nicht den Anschluss an die neue Zeit zu verpassen.

Weil die anderen deutschen Staaten aufgrund der preußischen Vorbildrolle nachzogen, war Englisch in der Folge um 1850 herum fast überall an den Schulen zu finden. Es wurde aber im Alltag noch immer so gut wie nicht verwendet und infolgedessen weitaus weniger umfangreich gelehrt als die Konkurrenz: Englisch musste im Vergleich zu Französisch mit der Hälfte an Wochenstunden auskommen, während Griechisch und Latein weiterhin die Stundenpläne an den Oberrealschulen und den Realgymnasien der Jahrhundertwende dominierten – und angehende Priester an ihren Seminarschulen gar Hebräisch pauken mussten.

Zum Beginn des 20. Jahrhunderts geriet Deutschland unter den Einfluss einer ersten und schnell zunehmenden Amerikanisierung. Die Vereinigten Staaten wurden zur kulturellen Referenzgröße – vor allem in der Musik. Bis dahin unterschied man in Europa streng zwischen einer populären Massen- und einer bürgerlichen Hochkultur. Doch nun strömten mit Musikstilen wie *Ragtime* und, nach dem Ersten Weltkrieg, *Jazz* avantgardistische Kunstformen zu uns, die sich dem starren dualen System von Populär- und Hochkultur nicht zuordnen ließen. Innerhalb von zwei Jahrzehnten entstanden in Deutschland außerdem über 4.000 Lichtspielhäuser nach amerikanischem Vorbild. Und dadurch sowie aufgrund des immer stärkeren technischen und wirtschaftlichen Einflusses der USA auf das hiesige Alltagsleben – etwa in Sachen Architektur oder der industriellen Produktion – galt auf einmal auch die englische Sprache vor allem in großstädtischen Kreisen als schick. Das schlug sich in der Folge auch auf das Schulwesen nieder, und das Englische lief den anderen Fremdsprachen langsam, aber sicher den Rang ab – bis es Anfang der 1920er-Jahre den Spitzenplatz eroberte.

Erstaunlicherweise gab es auch zwischen 1933 und 1945 einen planmäßigen und durchaus ausführlichen Englischunterricht. In den ersten unter der Verantwortung der NS-Machthaber herausgegebenen Schulbüchern herrschte sogar ein durchweg positives Englandbild, das sich allerdings aus reinem Opportunismus heraus begründete: Die Nationalsozialisten hegten zunächst noch die Hoffnung, mit den Briten ein politisches Bündnis eingehen zu können, und versprachen sich von der Unterweisung in dieser Fremdsprache eine positive ideelle Wirkung auf den potenziellen Partner. Als sich dieser Wunsch jedoch zerschlug, gab es vermutlich Wichtigeres, als neue Englischlehrbücher drucken zu lassen, und die freundlichen Worte dem nunmehrigen Kriegsgegner gegenüber blieben zumindest schulisch bis zum bitteren Ende erhalten.

Dennoch wurde die englische Sprache während der Kriegsjahre von den Machthabern äußerst kritisch gesehen – obwohl selbst

Adolf Hitler, nach Aufzeichnungen seines Begleitarztes Hanskarl von Hasselbach, ganz passabel Englisch sprach und hin und wieder zum Zeitvertreib englischsprachige Zeitschriften las; wohl auch, um sich über die britische Sichtweise auf seine Politik zu informieren. Was der Führer machte, durfte das Volk aber noch lange nicht, und deshalb stand derjenige, der Englisch allzu öffentlich verwendete, schnell in Verdacht, mit dem Feind zu kollaborieren. Also sprach und hörte man es lieber nicht – und widmete sich wenigstens nach außen hin sicherheitshalber deutscher Literatur, deutschen Filmen und deutschem Liedgut von Künstlern wie Rudi Schuricke, Ilse Werner oder Willi Forst. Alles andere, wie etwa das Einschalten von englischsprachigen Radiosendern wie der BBC, die ab 1938 im deutschsprachigen Raum sendete, oder der *Voice of America* (ab 1942), geschah besser *top secret*, wenn überhaupt – und konnte gemäß der »Verordnung über außerordentliche Rundfunkmaßnahmen« vom 1. September 1939 drakonisch bestraft werden. Die Engländer ihrerseits ließen sich davon nicht beirren und nahmen derweil das sehr hässliche deutsche Wort »Blitzkrieg« offiziell in ihren Wortschatz auf.

Der endgültige Triumphzug der englischen Sprache in Deutschland begann im Grunde genommen jedoch erst nach 1945. Dafür vollzog er sich nun umso rasanter: Die von den westlichen Alliierten verordnete *Re-Education* nach dem Kriegsende sah nicht nur die Orientierung des künftigen Lehrstoffs an sittlich-religiösen Werten fernab jeglicher politischer Einflussnahme vor, sondern auch, zumindest in den Besatzungszonen der Engländer und Amerikaner, eine massive Stärkung des Englischunterrichts, und zwar nicht mehr nur an den weiterführenden Lehranstalten. Die beiden englischsprachigen Sie-germächte Großbritannien und USA planten gar, in größeren Volks-schulen drei Wochenstunden ihrer Landessprache als Pflichtfach ein-zuführen und dafür den bisherigen Geschichtsunterricht aufzugeben. Dieses Vorhaben stieß aber auf so großen Widerstand der einzelnen Bundesländer, dass Englisch zunächst doch nur die Rolle als Wahl-fach blieb und Geschichte wenigstens für die Oberstufe erhalten blieb – wenngleich die historischen Ereignisse nur bis zum »Wiener Kongress« 1815 reichen durften. Über die Zeit danach breiteten die Kultusminister den Mantel des Schweigens aus, der nebenbei be-merkt im Englischen als *Coat of Silence* gänzlich unbekannt ist, aber dazu später mehr.

Zunehmend wurden zu Beginn der Fünfzigerjahre an westdeutschen Schulen amerikanische Filmvorführungen über die Arbeit von *Cow-boys* auf Farmen oder Porträts von modernen Weltstädten wie New York City oder Los Angeles dazu eingesetzt, um den Kindern das Leben in den USA als erstrebenswertes Idealbild zu verdeutlichen, was sich nach und nach bei einer ganzen Generation auch entspre-chend einprägte. Mit dem »Hamburger Abkommen« von 1964, das die Vereinheitlichung des deutschen Bildungssystems regeln sollte, fand sich Englisch dann als Pflichtfach überall im nunmehr dreiglied-rigen bundesdeutschen Schulsystem wieder und wurde den Schülern ab der fünften Klasse beigebracht.

Jenseits der Schulen entstanden in vielen größeren Städten der Bundesrepublik sogenannte »Amerikahäuser«, in denen den Diktatur geplagten Deutschen nicht nur das amerikanische Demokratieverständnis nähergebracht werden sollte, sondern auch die US-amerikanische Kultur samt ihren Traditionen und Bräuchen. Bis zu 57 solcher Einrichtungen gab es zeitweilig. In den Bibliotheken der Amerikahäuser konnten die Menschen kostenlos amerikanische Bücher und später auch Filme ausleihen. Es wurden Tanztees veranstaltet, ebenso wie Diskussionsrunden. Die Amerikahäuser fungierten also als kulturelle Botschafter ihres Heimatlandes – und das schloss die englische Sprache natürlich mit ein.

In der DDR war von den sowjetischen Besatzern ab 1949 zunächst nur das Unterrichten von Russisch als einzige Fremdsprache erwünscht. Walter Ulbricht jedoch erkannte, dass sich Englisch mehr und mehr anschickte, zur einzigen Weltsprache zu werden, und erlaubte deshalb ab 1958 auch an ostdeutschen Lehranstalten Englischunterricht. Und weil die Bürger des Arbeiter- und Bauernstaates ihre diesbezüglichen Sprachkenntnisse schlecht im westlichen Ausland erweitern konnten, strahlte der Deutsche Fernsehfunk von 1965 an gar einen Sprachkurs namens *English for you* aus, der den Zuschauern in insgesamt 35 Folgen einen halbwegs ordentlichen Grundwortschatz beizubringen versuchte.

Im wiedervereinigten Deutschland wird Englisch seit knapp eineinhalb Jahrzehnten schon an Grundschulen unterrichtet, weshalb so mancher Drittklässler die Bedeutung der Wörter »bitte«, »danke«

und »Entschuldigung« leider nur noch recht lückenhaft kennt, dafür aber genau weiß, was es bedeutet, wenn man auf dem *Smartphone* den *Adult Content* streamt. Auch bilinguale Kindergärten mit Englisch als Fremdsprache sind massiv auf dem Vormarsch: So gab es bundesweit einer Zählung des »Vereins für Mehrsprachigkeit an Kindertageseinrichtungen und Schulen« zufolge bereits 2014 1.035 zweisprachige Kindertagesstätten, was innerhalb eines Zeitraums von nur zehn Jahren eine Verdreifachung bedeutet – mit weiter steigender Tendenz. Und so lernen mittlerweile bereits Zweijährige die ersten Englischvokabeln, was insofern Sinn ergibt, weil Kinder Fremdsprachen erwiesenermaßen bis sechs Jahre besonders leicht erfassen – und sich durch die Einbindung in den spielerischen Alltag eine gewisse Natürlichkeit in der Umgangsweise mit Englisch ergibt.

Andererseits stellt sich die Frage, ob wir diese Kinder nicht überfordern, wenn wir ihnen Wörter wie *Car*, *Sun*, *Dog* oder *Bird* beizubringen versuchen, obwohl sie noch nicht einmal Auto, Sonne, Hund oder Vogel sagen können. Gegner dieser Sprachfrüherziehung führen außerdem an, dass angesichts derlei ehrgeiziger Bemühungen unter Umständen andere für die kindliche Entwicklung wesentliche Bereiche wie die Motorik oder die Sensorik zu kurz kommen könnten.

Wie auch immer: Heute verehren wir Englisch jedenfalls so sehr, dass wir mancherlei sprachlichen Schabernack aus dieser Sprache vollkommen gedankenlos übernehmen – wie die verhältnismäßig aktuellen Beispiele *Black Friday* und *Cyber Monday* zeigen. Diese beiden Begriffe wurden einst von der US-Werbeindustrie erdacht, um am Freitag vor und am Montag nach dem amerikanischen Erntedankfest spezielle Rabattaktionen vor allem des Einzelhandels zu vermarkten. Innerhalb der vergangenen zehn Jahre haben sich die beiden Kunstwörter auch bei uns in der Reklamesprache festgesetzt; sie sollen spektakulär klingen und kleben von Ende November bis Anfang Dezember auf zahllosen Schaufensterscheiben oder springen uns aus E-Mails, die unsere elektronischen Postfächer fluten, blinkend an. Darüber hinaus erfinden wir für unseren Sprachgebrauch sogar englische Begriffe, die es im Original nicht oder nur in einer anderen Bedeutung gibt – wie der Fall der längst berühmt gewordenen Bezeichnung *Public Viewing* beweist, das auf Englisch keineswegs eine »öffentliche Übertragung« bezeichnet, wie von seinen deutschen Schöpfern anlässlich der Fußball-Weltmeisterschaft 2006 erdacht. Sondern eine in der Regel etwas weniger ausgelassene »öffentliche Aufbahrung« eines Toten. Doch zu solcherlei Phänomenen an anderer Stelle mehr.

Kurios erscheint es, dass die messbare Zunahme an Anglizismen, die Ausweitung des Englischunterrichts und die Einführung von Spracherziehung bereits im Kleinkindalter mitnichten zu einem besseren Verständnis dieser Sprache geführt haben: Der Anteil der Deutschen, die von sich behaupten, Englisch nicht oder so gut wie nicht zu sprechen und zu verstehen, hat sich einer aktuellen Allensbach-Untersuchung zufolge in den vergangenen Jahrzehnten kaum verändert: Sahen sich vor 50 Jahren lediglich die Hälfte der damals rund 78 Millionen Einwohner in West- und Ostdeutschland in der Lage, dem Englischen zu folgen, ist diese Fremdsprache auch jetzt noch über 36 Millionen Menschen – also immerhin fast 44 Prozent der gesamten Bevölkerung – in diesem Land weithin unbekannt.

Und ob die Englischkenntnisse beim restlichen Teil der Bevölkerung unterdessen immer *the yellow from the egg* sind, darf ebenfalls bezweifelt werden: Der »Englisch-Sprachniveau-Index« von 2018 bescheinigt den Deutschen nur einen schwachen zehnten Platz im weltweiten Vergleich jener Länder, in denen Englisch zu den wichtigsten Fremdsprachen gehört. Vor uns platziert sind sämtliche skandinavischen Staaten, aber auch die Niederlande, Singapur oder Slowenien, was zwar auch ein Stück weit daran liegen mag, dass dort viele ausländische Kinofilme nicht synchronisiert werden können und deshalb in der englischsprachigen Originalfassung laufen. Trotzdem erscheint die deutsche Platzierung ein wenig dürftig dafür, dass viele von uns gerne den *Vintage Look* von angesagten *Designer Labels* tragen, den Partner beim *Online Dating* kennenlernen und nach getaner Arbeit auf einer *After-Work-Party* abfeiern, um die *Work-Life-Balance* in Einklang zu bringen.

Klar ist: Wer im Bewerbungsgespräch eines internationalen Großkonzerns vom *Chief of Personal Development* nach seinen *Salary Expectations* gefragt wird, sollte besser nicht an das weiße Knollengemüse denken, will er sich die Aussichten auf die Stelle nicht zerstören. Da nutzt es auch nichts, wenn man in seiner Bewerbung auf sein vorhandenes *Knowhow* im *Crowdsourcing* hingewiesen hat – mit Sellerie haben die Gehaltserwartungen auf alle Fälle nichts zu tun. Das allerdings war auch schon vor 1923 so.

IT SOUNDS LIKE A TYPEWRITER

Weshalb unsere Sprache für fremde Ohren
so hart klingt – und was das bedeutet

Ob unser Deutsch nun schön ist, liegt vermutlich im Auge des Betrachters. Oder besser gesagt: im Ohr des Zuhörers. Dem einen ge-
fällt das Gedicht »Mensch« von Matthias Claudius, dem anderen das
Lied »Mensch« von Herbert Grönemeyer und wieder anderen der
Titel »Mensch« des Hip-Hoppers B.Rich. Alle drei Künstler bedienen
sich derselben Sprache – und hätten doch keine unterschiedlicheren
Texte gleichen Namens verfasst haben können. Doch während sich
über individuellen Geschmack entweder erbittert oder eben gar
nicht streiten lässt, stellt sich eine ganz andere Frage die Ästhetik
des Deutschen betreffend: Benutzen wir am Ende deshalb so viele
englische Entlehnungen, weil wir unsere eigene Sprache nicht mehr
leiden mögen? Und falls ja – woran könnte das liegen?

Natürlich: Deutsch fehlt die melodiöse Dramatik des Italienischen, die elegante Sanftheit des Französischen, die verspielte Schnelligkeit des Spanischen. Und zugegebenermaßen klingen beispielsweise *Farfalla, Papillon* oder *Papalota* deutlich freundlicher als der deutsche »Schmetterling«, der seine Bezeichnung dem ostmitteldeutschen Wort »Schmetten« verdankt, was in etwa »Rahm« bedeutete, weil dieser die bunten Tiere angeblich magisch anzog. Nun erweckt der »Schmetterling« zugegebenermaßen selbst lächelnd ausgesprochen lautmalerisch immer ein wenig den Eindruck, als handele es sich nicht um einen nett anzusehenden Falter, sondern eher um den Namen eines geheimen Militärprojekts, gewissermaßen nach dem Motto: »Wir beginnen nun mit der Operation ›Schmetterling‹.« Und mit der knorrigen »Überraschung«, andernorts mit *Surpresa* oder wenigstens *Surprise* bezeichnet, verhält es sich auch nicht viel besser. Sprechen Sie die Wörter einfach mal aus – Sie werden es hören.

Der harte Klang wird vor allem von den leidigen Konsonanten verursacht, die sich im Deutschen inmitten einzelner Begriffe bisweilen in einer Häufigkeit tummeln, die nicht nur fremdsprachige Deutschschüler zur Verzweiflung treibt: Für Japaner zum Beispiel ist das Erlernen unserer Sprache schon deshalb eine enorme Herausforderung, weil im Japanischen fast alle Wörter mit einem Vokal enden. Unser »Herrenstrumpf«, wie der erwähnte »Schmetterling« ein Wort von immerhin 13 Buchstaben, hört dagegen nicht nur mit der für nahezu alle Fremden kaum zu bewältigenden Buchstabenkombination »mpf« auf. Er kommt darüber hinaus mit lediglich drei kümmerlichen Vokalen aus – und das bei drei »r« und zwei »t«. Und der »Angstschweiß« mit acht Mitlauten unmittelbar hintereinander oder die »Rechtschreibung« mit derer sieben hören sich furchteinflößend an, weil darin Buchstaben aneinandergereiht sind, die geräuschtechnisch einfach nicht miteinander harmonieren. Auch eine »Arztpraxis« verursacht nicht nur bei Iatrophobikern Angstschweiß, sondern auch bei so manchem Sprachästheten.

Das Grundproblem liegt darin, dass ein Konsonant während des Sprechens naturgemäß durch die Unterbrechung der ausgeatmeten Luft an einer der sogenannten »Artikulationsstellen« wie dem Gaumen, den Lippen oder den Zähnen gebildet wird – ob man das nun möchte oder nicht. Die unerfreuliche Folge dieser Art der Lautbildung ist, dass unser Atem bei der Aussprache für einen Augenblick blockiert wird, was man dann auch sogleich wahrnimmt. Und weil der gesamte Atemluftstrom während der Aussprache gehemmt ist, verringert sich auch noch die akustische Reichweite des Gesagten. Eine Sprache wirkt somit umso stumpfer und härter, je mehr solcher auf diese etwas eigenartige Weise produzierten Mitlaute es in ihren Wörtern gibt.

25 verschiedene Arten der Lautbildung weist unser Konsonantensystem insgesamt auf. Manche davon existieren freilich in vielen verschiedenen Sprachen, einige aber kommen nur bei uns vor – und schon die fachgerechte Bezeichnung derselben lässt erahnen, wie unnatürlich sie sich für fremde Ohren anhören müssen. So gibt es den »stimmlosen glottalen Plosiv«; jenen typisch deutschen Knacklaut, der beim Öffnen unserer Stimmbäder entweicht, wenn wir etwa vom »Akt« reden, vom »Essen« oder von der Zahl »Acht«. Oder den »stimmlosen palatalen Frikativ«, der in »Furcht« oder »Frauchen« auftaucht und einen am Gaumen gebildeten Reibelaut umschreibt.

Und die »stimmlosen postalveolaren Affrikate« in einer »Kutsche«
oder dem »Matsch« werden mit der Zunge am Wulst hinter den
oberen Schneidezähnen gebildet und sind ebenfalls fast ausschließlich im Deutschen zu finden. Ganz zu schweigen von »uvular« gebildeten Mitlauten, die ganz hinten am Gaumenzäpfchen entspringen
und bei Wörtern wie »Rache« fast schon wie ein Röcheln klingen –
das seinerseits ebenso einen uvularen Ursprung hat.

Die romanischen Sprachen hingegen, die ihre Herkunft allesamt
dem Volkslatein, also der Umgangssprache des Römischen Reiches
verdanken, haben auf ihrer langen Reise durch Europa sehr viele
Konsonanten verloren und stattdessen anteilig mehr Vokale – also
»a«, »e«, »i«, »o« und »u« – in ihren Wörtern aufgenommen: So
ist aus dem lateinischen *Amicus* zunächst der italienische *Amico*
geworden und schließlich der französische *Ami*, um nur ein Beispiel von sehr vielen zu nennen. Eine linguale Evolution in einem
solchen Ausmaß hat es bei den germanischen Sprachen leider nie
gegeben. Die Vokale aber sind nun mal von Natur aus klangvoller;
allein schon deshalb, weil sie im Mund komplett anders geformt
werden: Ein »u« bildet sich etwa im hinteren Teil des Mundraums
mit gerundeten Lippen, ein »e« dagegen im vorderen Teil des
Mundes ohne Lippenrundung und ein »o« ebenso im vorderen Teil,
aber mit Lippenrundung. Auf jeden Fall funktioniert das ganz ohne
Gaumenreibelaute und Schneidezahnwülste: Bei einem Vokal kann
die Atemluft völlig ungehindert ausströmen, weil der Mund beim
Sprechen schlicht offen bleibt.
　　Des Weiteren kommen etwa die spanische und die italienische
Sprache mit recht wenigen Höhen und Tiefen aus, wodurch ihre

einzelnen Wörter weniger schroff klingen und die Aussprache automatisch als etwas schneller wahrgenommen wird. Das Englische und das Französische dagegen verfügen über eine überaus ausgeprägte Sprechmelodie, weil die Stimme des Sprechers während des Redens häufig die Tonhöhe wechseln muss. Deutsch dagegen gehört zu den Akzentsprachen, bei denen die Wortbetonung und nicht die Tonhöhe bedeutungstragend ist.

Dass Deutsch also für fremde Ohren immer wieder komisch klingt, erscheint angesichts dessen nicht verwunderlich. Der amerikanische Schriftsteller Mark Twain widmete dem Deutschen nach einer längeren Europareise sogar einen satirischen Essay mit dem vielsagenden Titel *Die schreckliche deutsche Sprache*. Darin listet der berühmte Verfasser von *Tom Sawyers Abenteuern* jede Menge Schwierigkeiten auf, denen er beim letztlich vergeblichen Versuch, Deutsch aus seiner Sicht wirkungsvoll zu vereinfachen und zu verschönern, begegnete: Zu viele grammatikalische Regeln gebe es darin und – was weitaus schlimmer sei – noch viel mehr Ausnahmen davon. Die Deklination von Adjektiven stelle eine wahre Plage dar; zahlreiche Begriffe seien sich allzu ähnlich und machten die Unterscheidung schwer, und zusammengesetzte Substantive – »alphabetische Prozessionen«, wie Twain es nennt – ergäben keinerlei Sinn und würden jeden sprachlichen Neuling überfordern, weil man jedes Teilwort gesondert nachschlagen müsse. Am Ende kommt Mark Twain zu dem vernichtenden Urteil, das Leben sei zu kurz, um sich mit einer solchen Sprache zu befassen.

Zu einer zeitgenössischeren, aber ebenso wenig schmeichelhaften Einschätzung verstieg sich vor einigen Jahren der irische Schauspieler Dylan Moran, der behauptete, die »abscheuliche deutsche Sprache« klinge wie eine Schreibmaschine, die Alufolie fresse und die Kellertreppe hinuntergetreten werde. Der italienische Tenor Enrico Caruso weigerte sich, seine Opern auf Deutsch vorzutragen, weil er seine Sangeskunst nicht in einer aus lauter Konsonanten bestehenden Sprache anwenden könne. Und der französische Romantiker Charles Nodier schwärmte vor rund 200 Jahren zwar vom Griechischen, das ihm ähnlich angenehm erschien wie die »Ströme des Peneios«, oder auch vom Italienischen, das »in seinen Silben das Rauschen der Wasserfälle und das Zittern der Olivenbäume« in sich trage. Das Deutsche erinnerte ihn allerdings »an den Schrei der vom Unwetter gebogenen Tannen und den Lärm einbrechender Felsen«. Es gibt sicher freundlichere Komplimente.

Nun tragen Meinungen wie diese sicherlich dazu bei, dass die deutsche Sprache keinen besonders guten Ruf in der Welt genießt – zumindest, wenn es um nicht wissenschaftlich messbare Kategorien wie Schönheit und Anmut im Klang geht. Deutsch wird, so belegen es etliche internationale Untersuchungen, vom Rest der Welt gerne als hässlich und roh empfunden, als stakkatoartige Sprache des Militärs und der Techniker. Doch kann diese subjektive Sicht von außen dazu beitragen, dass wir selbst den Klang unserer Ausdrucksweise nicht mehr mögen? Ist die derart negativ geprägte Einschätzung fremdsprachiger Menschen unter Umständen mit dafür verantwort-

lich, dass wir dem Englischen einen solch hohen Stellenwert einräumen, indem wir zulassen, dass es immer mehr deutsche Wörter
verdrängt? Ausgerechnet dem Englischen, das auch nicht gerade
klingt, als sei es von Sprachstilisten erdacht? Ein *Love Letter* hört sich
doch nicht wirklich romantischer an als unser schöner »Liebesbrief«!
Zumal der Klang im Englischen oftmals auch nicht wirklich eleganter
ist: Begriffe wie *necessary*, *embarrased*, *Accomodation*, *Rhythm*,
inaniloquent oder *Scopperloit* vermögen beim aufmerksamen Zuhörer kaum Begeisterung auszulösen. Und das mit sage und schreibe
29 Buchstaben längste bekannte und offiziell anerkannte Wort der
englischen Sprache, das 1741 zum ersten Mal in einer literarischen
Schrift auftauchte, – *Floccinaucinihilipilification* (»Geringschät-
zung«) – steht deutschen Schriftzeichenmonstern wie »Personenver-
einzelungsanlage« in nichts nach.

Daher können wir die vielleicht nicht ganz ernst gemeinte Frage
danach, ob wir den Klang unserer Ausdrucksweise nicht mögen und
uns deshalb vermehrt dem Englischen zuwenden, getrost mit Nein
beantworten: Daran kann es nicht liegen, dass die Vorliebe für mal
mehr, mal weniger treffende englische Begrifflichkeiten in keiner
anderen Sprache der Welt so ausgeprägt ist wie bei uns.

Umgekehrt ist es ohne Zweifel vielmehr so, dass wir ganz wun-
dervolle Dinge mithilfe der deutschen Sprache ausdrücken können:
Begriffe wie »Habseligkeiten«, »Geborgenheit« oder »Augenblick«,
die der deutsche Sprachrat vor einigen Jahren zusammen mit
»lieben« zu den vier schönsten deutschen Wörter kürte, enthalten
vielleicht hier und da mehr Konsonanten, als ihnen klanglich guttut.
Auch die – übrigens von Goethe erdachte – »Sommerfrische« oder
herrlich anschauliche Metaphern wie »Dreikäsehoch«, »Eselsbrücke«,

»Naseweis«, »Ohrenschmaus« oder »Mauerblümchen« lassen sich nicht ins Englische – und wohl auch in keine andere Sprache – übersetzen. Und in anderen Ländern ist ein Mensch mit »Kummerspeck« einfach nur dick.

Und trotzdem scheinen wir unserer Muttersprache, immerhin die Sprache von großen Dichtern und Denkern, nicht den Stellenwert zuordnen zu wollen, den andere Länder ihrerseits ihrer Sprache zukommen lassen. So gehen andere Nationen zum Beispiel sehr viel selbstbewusster mit ihrer Landessprache um und vielerorts werden Gesetze zu deren Schutz formuliert, wie es in Frankreich, Polen, Schweden, Ungarn oder Rumänien schon lange der Fall ist. Bei uns hingegen laufen derartige Initiativen seit vielen Jahren ins Leere.

FREIBIER, KINDER-GARTEN AND GEMÜTLICHKEIT

*Was die englische Sprache
von uns übernommen hat*

Die rund 5.000 Anglizismen, die laut offizieller und sicherlich eher vorsichtiger Schätzung in unserer Sprache vorhanden sind, erstrecken sich längst auf alle Lebensbereiche. Die Liste reicht von A wie »abchecken« bis hin zu Z wie »Zoom« am Ende des Alphabets. Vieles davon könnte man ebenfalls auf Deutsch ausdrücken – wie etwa das Wort *Highlight*, das seinen »Höhepunkt« hoffentlich langsam überschritten hat; das Wort *Feedback*, das als »Rückmeldung« mindestens ebenso wirkungsvoll ist; das *Event*, dessen Unterhaltungswert nicht gemindert wird, wenn es »Veranstaltung« heißt – und das *Bookmark*, das, obwohl es zumeist im digitalen Zusammenhang verwendet wird, durchaus als »Lesezeichen« bezeichnet werden kann. Andere Begriffe aus dem Englischen sind hingegen ein schöner Gewinn für die deutsche Sprache, weil ihre Übersetzung oft allzu sperrig wirken würde, wie die Beispiele *Multimedia* als »Zusammen-spiel verschiedener Kommunikationsmittel«, der *Popstar* als »be-rühmte Person aus dem Bereich der zeitgenössischen Musik« oder der *Greenkeeper* als »Rasenwächter« zeigen.

Umgekehrt existieren aber auch in der englischen Sprache laut einer Zählung des *Oxford Dictionary* nach aktuellem Stand sage und schreibe 3.474 aus dem Deutschen entnommene Vokabeln, die sogenannten Germanismen. Darunter befinden sich zwar sehr viele kaum gebräuchliche Begriffe aus der Geologie, der Mathematik, der Chemie und einigen anderen Naturwissenschaften, weil darin deutsche oder deutschsprachige Forscher lange weltweit führend waren und ihr Wissen und damit die entsprechenden Bezeichnungen in andere Länder weitergaben. So kennt das Englische zum Beispiel den *Möbiussatz*, das Mineral *Abichit*, die biologische *Ahnenreihe*, die *Bremsstrahlung* oder die Elemente *Wolfrum, Meitnerium* und *Wismut*, um nur einige zu nennen.

Darüber hinaus finden sich im englischen Wortschatz Hunderte weitere deutsche Bezeichnungen, die von englischen Muttersprachlern als – oftmals sogar lustige – Bereicherungen empfunden werden. Diese hohe Zahl ist insofern erstaunlich, weil sich die englische Sprache in den vergangenen Jahrhunderten nicht an einer anderen Weltsprache orientieren musste. Allerdings brachten die vielen Auswanderungswellen nicht nur Hunderttausende hoffnungsvolle Menschen von Europa aus vor allem nach Nordamerika, sondern eben auch ihre Ausdrucksweisen, die sich in mancherlei Hinsicht bis zum heutigen Tag tapfer im Alltag gehalten haben.

Das wohl bekannteste Beispiel eines Germanismus im – in diesem Falle ausschließlich US-amerikanischen – Englisch ist sicherlich der *Kindergarten*, der sich genauso schreibt wie im Deutschen und nicht etwa wie der englische *Garden*. Dessen Herkunft ist schnell erklärt, denn die Einrichtung als solche war eine deutsche Erfindung: Der Thüringer Pädagoge Friedrich Fröbel erdachte sie und auch ihren schönen Namen im Jahr 1840 im Städtchen Bad Blankenburg als eine Antwort auf die Herausforderungen der zunehmenden Industrialisierung. Die brachte es mit sich, dass auch Frauen immer öfter außerhalb des eigenen Haushalts arbeiten mussten und viele Kinder deshalb daheim allein, oder zusammen mit ihren Geschwistern zu verwahrlosen drohten, weil beide Elternteile zwölf Stunden oder mehr pro Tag beschäftigt waren. Vor Fröbels Idee, den Nachwuchs durch spielerische Beschäftigung zu hegen und zu pflegen »wie eine Pflanze im Garten«, gab es zwar bereits Verwahranstalten, in denen man Jungen und Mädchen unterbringen konnte. Aber genauso nüchtern wie der Name war dort auch der erzieherische Ansatz.

In die USA kam der viel heimeligere »Kindergarten« dann exakt 16 Jahre später durch eine Schülerin Fröbels – die Hamburgerin Margarethe Meyer-Schurz, die eine solche Institution zunächst für deutsche Auswandererkinder in Wisconsin gründete und schnell begeisterte Nachahmerinnen fand, die das Fröbel'sche Konzept auch für amerikanische *Kids* anwenden wollten. Den ersten englischsprachigen *Kindergarten* gab es ab 1860 in Boston, und zu diesem Zeitpunkt hatte sich der Ausdruck bereits derart etabliert, dass die US-Amerikaner ihn einfach übernahmen – und so gibt es den Kindergarten noch immer in den USA, obwohl er inzwischen Teil der *Elementary School*, also der Grundschule, ist. In England hat Fröbels

Idee dagegen keine sprachlichen Spuren hinterlassen, dort heißt ein »Kindergarten« seit jeher *Nursery School* – wenn auch besonders begabte Kinder hier wie dort als *Wunderkinder* betitelt werden.

Aus den Auswandererepochen stammen eine Reihe weiterer Germanismen, die sich zunächst im US-amerikanischen Sprachraum und später gelegentlich auch in anderen englischsprachigen Ländern festsetzten: Das *Glockenspiel* oder der *Kapellmeister* wurden von musikalisch geprägten Siedlern ebenso eingeführt wie die *Volks-* oder *Blasmusik*, das *Singspiel* oder der *Liederkranz*. Dass das *Alphorn* und der *Schuhplattler* auch in der englischen Sprache das blieben, was sie auf Deutsch waren und bis heute sind, versteht sich von selbst: Kein US-Amerikaner, Kanadier oder Brite hatte jemals zuvor ein derartig unförmiges Instrument und einen solch drolligen Tanz gesehen, bevor beides von bayerischen, österreichischen oder schweizerischen Immigranten in die neue Heimat mitgebracht worden war.

Dasselbe gilt natürlich auch für eine ganze Reihe von traditionellen Speisen und Getränken, die bei den alteingesessenen Bewohnern erst skeptisch beäugt und dann vermutlich mit wachsender Begeisterung verzehrt wurden. Denn ein *Kipferl* kann man in New York City oder Los Angeles noch immer auf Deutsch bestellen, genauso wie eine *Bratwurst*, einen *Strudel*, ein *Kirschwasser* oder einen *Rollmops*. Der urdeutsche *Zwieback* setzte sich sprachlich und geschmacklich ebenso nachhaltig durch wie *Pumpernickel* und *Pfeffernüsse*. *Sauerkraut* und *Kohlrabi* waren bis ins 19. Jahrhundert sowohl in der englischen Sprache wie auch im US-amerikanischen Gemüsegarten gänzlich unbekannt, bis deutsche Siedler diese Wörter mitbrachten.

Und *Liptauer* und *Leberwurst* gehören längst auch in den USA oder Großbritannien zu einer ordentlichen *Brotzeit* dazu. Dass sich die *Mozartkugel*, das *Muesli* und der *Quark* durchgesetzt haben, ist allerdings verwunderlicher, weil sie von ungeübten Zungen kaum ausgesprochen werden können. Leicht abgewandelt kommen die *Pretzel* und das *Seltzerwasser* daher. Besonders kurios sind deutsche Bezeichnungen für Dinge, die bei uns für gewöhnlich anders genannt werden – wie der *Bundkuchen*, der hierzulande als »Gugelhupf« bekannt ist, das *Kommissbrot*, das in unseren Bäckereien vorwiegend als »Schwarzbrot« verkauft wird, oder der *Stein*, der in der Regel als »Maßkrug« auf den bayerischen Biertischen steht.

Dem deutschen Bier selbst wiederum eilte sein guter Ruf in aller Welt sowieso voraus, sodass *Pilsener*, *Hefeweizen*, *Lager* und sogar *Radler* selbst von denjenigen verstanden werden, die ansonsten unserer Sprache nicht viel abgewinnen können – erst recht, wenn es um das *Freibier* geht, das wahrscheinlich einer der beliebtesten Germanismen überhaupt sein dürfte. Und während bei der *Frankfurter*, der *Wiener* oder der *Braunschweiger* Wurst die geografische Herkunft ganz eindeutig auch den englischen Namen bestimmt, scheiden sich beim *Hamburger* die Geister: Er könnte seinen kulinarischen Weg in die USA über Auswandererschiffe aus Hamburg gefunden haben – zumindest ist in der Hansestadt seit mehr als 150 Jahren eine Speise namens »Rundstück warm« bekannt und beliebt: ein Stück Braten, das zwischen zwei Brötchenhälften gelegt wird. Der Ur-Hamburger könnte jedoch zur nahezu selben Zeit auch auf einem Jahrmarkt in der amerikanischen Kleinstadt Hamburg im Bundesstaat

New York erfunden worden sein. Zumindest betreibt die Kleinstadt Hamburg noch immer Reklame mit dieser Entstehungsgeschichte. Als gesichert kann allerdings gelten, dass der *Hamburger* spätestens mit der Eröffnung der ersten Niederlassung der Schnellrestaurantkette Mc Donald's in Deutschland im Jahr 1971 als Anglizismus wieder zu uns zurückkehrte.

Amüsant sind auch die Spuren, die manche deutschsprachigen Hundehalter unter den Einwanderern hinterlassen haben. Anders kann man sich den Ursprung von *Rottweiler*, *Schnauzer*, *Dobermann*, *Pinscher* und *Spitz* in der englischen Sprache kaum erklären, wenn auch der *Dachshund* in deutschen Landen als »Dackel« Gassi geht. Nur der *Poodle* hat es zu einer lautmalerischen Angleichung im Vergleich zum deutschen Ausgangsbegriff »Pudel« gebracht, was daran liegen mag, dass er bereits lange in England bekannt war, bevor er auch in den USA als treuer Freund des Menschen eingeführt wurde.

Deutsche Baumeister hinterließen ihre Spuren in der Sprache der Architektur – das *Bauhaus* etwa steht auch im Englischen für den kubistischen Stil jener Epoche zu Beginn des 20. Jahrhunderts wie auch der rund 100 Jahre zuvor angesagte *Biedermeier* oder der *Jugendstil*. Später prägten dann die beiden Weltkriege den englischen Sprachgebrauch: Begriffe wie *Flak*, *Panzerfaust*, *Karabiner*, *Panzer* oder *Luftwaffe* setzten sich im militärischen Duktus alliierter Soldaten ebenso fest wie *Fliegerhorst*, *Wehrmacht* und der stetig propagierte *Endsieg*, der glücklicherweise nie zustande kam. Aus dieser düsteren Ära stammen auch einige Ausdrücke, die nicht in den englischen Wortschatz selbst eingeflossen sind, aber von sehr vielen englischen Muttersprachlern verstanden werden: Die »Autobahn« etwa, die andernfalls als *Motorway* oder *Highway* geläufig ist, der »Führer«, der in sonstigen Zusammenhängen als *Leader* auftaucht, das »Fräulein«, das normalerweise *Miss* genannt wird, das »Reich«, das dem *Empire* entspricht, und die meist als Verhohnepiepelung angewandten Ausrufe »Achtung«, »Jawohl« und »Hände hoch«.

Einem gewissen Kulturtransfer unserer Sitten und Gebräuche verdankt die englische Sprache unter anderem die viel beschriebene und besungene *Gemütlichkeit*, die erstaunlicherweise keine genaue Entsprechung im Englischen kennt, weil das Wort *Cozyness* eher den Wohnkomfort umschreibt, nicht aber eine Stimmung wiederzugeben vermag. Auch der *Kaffeeklatsch*, der erst in den 1970er-Jahren in englischsprachigen Zeitschriften als beliebte Freizeitbeschäftigung von Hausfrauen Erwähnung fand, kann nicht völlig sinngemäß übersetzt werden, was beim *Oktoberfest* oder *Bierfest* ohnehin nicht notwendig ist. Das *Fahrvergnügen* entstammt einer Werbekampagne für den Autohersteller Volkswagen, der es seinerseits ins Wörterbuch geschafft hat. Und den *Luftballon* kennt man, seit ihn die Sängerin Nena im Jahr 1984 besungen hat und es mit ihrem Titel *99 Luftballons* sowohl in England als auch in den USA auf Platz 1 in den Hitparaden schaffte.

Überaus witzig empfinden englischsprachige Menschen deutsche Wörter vor allem dann, wenn sie Eigenheiten beschreiben, die sie bei uns zu beobachten glauben: die *Wanderlust* etwa, von der allerdings kaum ein hiesiger Spaziergänger gehört haben dürfte;

der *Katzenjammer*, der eine besonders stark ausgeprägte Neigung zum Wehklagen nach einem vorausgegangenen Rausch umschreibt; der *Mummenschanz* als Bestandteil des Karnevals oder der *Weltschmerz*, den manch englischer oder US-amerikanischer Psychologe als *German Angst* als ein wesentliches Charaktermerkmal bei uns ausgemacht haben will. Dass auch der deutsche »Dummkopf« und der »Schweinehund« im englischsprachigen Ausland gelegentlich als ebensolche verstanden werden, muss nicht unbedingt als Beleidigung aufgefasst werden. Und auch die *Schadenfreude* gilt als angeblich so typisch deutsches Verhalten, dass man sie gar nicht anders übersetzen kann.

Zudem gibt es untrügliche Indizien dafür, dass – neben den sich mutmaßlich weiterhin vermehrenden Anglizismen in unserer Sprache – auch ins Englische künftig weitere Anleihen aus dem Deutschen einfließen werden. Aktuelle Beispiele sind die *Energiewende*, die Angela Merkel nach dem Atomunglück in Fukushima eingeleitet und die inzwischen zumindest, wenn schon nicht das globale Bewusstsein, dann doch wenigstens den englischen Sprachraum erreicht hat – und der *Eiertanz*, der es vor einigen Jahren als süffisante Beschreibung für die zögerliche Haltung Deutschlands in der Eurokrise zunächst in etliche US-amerikanische Medien und schlussendlich in die Alltagssprache schaffte. Mit diesem Wissen lässt sich selbst ein *Event* leichter ertragen …

MORE PRETENCE THAN BEING

Warum kein Engländer einen Smoking tragen, einen Mixer verwenden oder bei einem Barkeeper bestellen würde

Wollte man bis vor rund drei Jahrzehnten von unterwegs aus telefonieren, dann kramte man in seinem Geldbeutel zwei Groschen zusammen und suchte eine Telefonzelle auf, die nicht defekt war (wie es bei vielen dieser gelben Ganzkörper-Kabinen oft der Fall gewesen ist). Dann hoffte man darauf, dass die beiden Zehn-Pfennig-Stücke vom Apparat klaglos akzeptiert wurden und nicht vom Einwurfschacht direkt in die Münzrückgabe durchfielen. Oder aber man besaß eine dieser modernen Telefonkarten, die mit allerlei originellen Motiven bedruckt waren und an entsprechenden Kartengeräten deutlich störungsfreier funktionierten. Was man nicht tat, war mit einem »Handy« zu telefonieren. Erstens weil das Mobiltelefon an sich seinerzeit zwar bereits erfunden worden, aber das Telefonieren mit selbigem damals nahezu unbezahlbar für Otto Normalverbraucher war. Und zweitens weil bislang noch keiner diesen Begriff kannte:

»Handy«. Der kam erst später auf, etwa zeitgleich mit der Einführung des ersten massentauglichen Taschentelefons, des Motorola StarTac 1996, das sich in der Folge weltweit rund 60 Millionen Mal verkaufen sollte.

Auf welche Weise das Wort »Handy« plötzlich auftauchte, darüber scheiden sich die Geister. Ein Markenname, der zum Gattungsbegriff wurde wie etwa der *Walkman* oder der *Jeep*, war es jedenfalls nicht – keine der Anbieterfirmen wie Nokia, Siemens oder eben Motorola hatte sich diese Bezeichnung schützen lassen. Auf den ersten Blick schien das *Handy* deshalb lediglich ein weiterer von vielen englischen Begriffen zu sein, die hierzulande ebenfalls ganz selbstverständlich verwendet wurden wie etwa der *CD-Player*, der *Computer* oder das *Sweatshirt* – allerdings jedoch eben nur auf den ersten Blick. Denn in der englischen Sprache existiert das Wort zwar, aber nur als Adjektiv, das in etwa »praktisch« oder »geschickt« bedeutet. Eine der Hauptfiguren der 1958 vom belgischen Zeichner Peyo erdachten Comicserie *Die Schlümpfe* trägt in der deutschen Fassung, die es seit Anfang der Siebzigerjahre gibt, diesen Namen: Der kleine blaue Kerl mit der Latzhose wurde von den Übersetzern »Handy« genannt, weil er mit viel handwerklichem Talent alles reparieren konnte, was in Schlumpfhausen den lieben langen Tag kaputtging. Mit den Schlümpfen aber hatte das Telefon zum Mitnehmen ganz sicher nichts zu tun. Und die Erklärung, das *Handy* stamme von der Hand ab, weil es eben in eine solche passe, erscheint ebenfalls nicht besonders schlüssig. Wenn, dann hätte es ja »Handi« heißen müssen. Und auf Englisch müsste es dann *Handheld* heißen.

Auch der Ansatz, das Wort *Handy* sei eigentlich viel älter und bereits im Zweiten Weltkrieg von US-amerikanischen Soldaten im Feldeinsatz verwendet worden – als kleines Funkgerät namens *Handie-Talkie*, das mit einem Schultergurt transportiert werden konnte und das schwerere *Walkie-Talkie* ersetzte –, greift nicht: Experten des Instituts für Deutsche Sprache gingen dieser Theorie nach und fanden heraus, dass die Wortzusammensetzung (Kompositum) *Handie-Talkie* zu Beginn der 1990er-Jahre in Deutschland vollkommen unbekannt war. Von daher konnten wir den Namen folglich ebenso wenig übernommen haben wie den von der Taschenlampe der Firma Daimon, die 1937 auf den Markt kam, »Handy« genannt wurde und wenige Jahre später in Vergessenheit geriet.

Der Legende nach soll es stattdessen ein hochrangiger Mitarbeiter der Deutschen Post gewesen sein, der 1988 während einer Besprechung über den möglichen Ankauf von 10.000 Exemplaren eines Produkts namens »Poctel« des Telefonherstellers Alcatel auf die Idee kam, den etwas sperrigen Namen durch ein leichter auszusprechendes Wort zu ersetzen. Immerhin hatte Alcatel das damals fast 10.000 Mark teure tragbare Telefon in England als *Handheld*-Apparatur beworben – um auf den Unterschied zu den vorher meist in kleinen Koffern verbauten Apparaten für unterwegs hinzuweisen. Und vom *Handheld* bis zum »Handy« sei es eben nur noch ein kleiner Schritt gewesen. Ob diese Geschichte nun stimmt oder nicht, kann nicht bewiesen werden. Tatsache ist aber, dass es die Bezeichnung »Handy« für Mobiltelefone in der englischen Sprache nicht gibt und auch nie gegeben hat. Dort wurden und werden sie nüchtern *Mobile Phones* oder – im US-amerikanischen Sprachgebrauch – *Cellphones* genannt, was eine Abkürzung von *Cellular Phones* ist, also

Telefone mit einer eigenen Empfangszelle im Inneren. Unser »Handy« ist folglich ein Scheinanglizismus – ein Begriff, der sich zwar englisch anhört, es aber nicht ist, zumindest nicht in der Bedeutung, die wir ihm auferlegt haben. Und wir Deutschen haben mehr von diesen Scheinanglizismen erfunden als jede andere Nation, deren Muttersprache nicht Englisch ist.

Nun gibt es zweierlei Sichtweisen auf diese pseudoenglischen Ausdrücke. Einerseits kann man die Erfindung solcher Wörter als besonders kreativ beurteilen – und als untrüglichen Beweis für die Lebendigkeit unserer Sprache, die sich seit geraumer Zeit neuen Einflüssen öffnet, anstatt in ihrem angestammten Wortschatz zu verharren. Und es stimmt: Immerhin haben wir uns allerhand kuriose Vokabeln ausgedacht, um Dinge zu beschreiben, die wir zuvor nicht kannten. Nehmen wir nur mal die »Trimm-dich-Bewegung«, die auf eine Initiative des Deutschen Sportbundes aus dem Jahr 1970 zurückgeht. Mit dem Ziel, das vom Wirtschaftswunder etwas übergewichtig gewordene Volk wieder zu verschlanken, wurde ein griffiger Name für die von der Bundesregierung unterstützte Leibesertüchtigungsaktion gesucht. Nach einigen anderen Vorschlägen kam man auf das englische Verb *to trim* und deutschte es ein. »Trimmen« – das sollte damals nach Bewegung klingen, nach schwitzen und sich verausgaben. Der ursprüngliche Begriff beschreibt aber in erster Linie die Fellpflege bei einem Tier. Man kann *to trim* auch mit »scheren«, »stutzen« oder »zurechtmachen« übersetzen, aber ganz bestimmt nicht mit der Absicht, sich in eine gute körperliche Verfassung zu bringen. Jedenfalls war die Begriffsfindung des Deutschen Sportbundes ein voller Erfolg, denn in seinen Glanzzeiten war der Werbespruch »Trimm dich!« bekannter als der Bundeskanzler: Rund 95 Prozent aller Deutschen hatten ihn in den Siebzigerjahren schon einmal gehört.

Andererseits kann die Verwendung von Scheinanglizismen im englischsprachigen Ausland durchaus zu einer großen Verwirrung führen, wie es das viel zitierte, aber wirklich zu schöne Beispiel *Public Viewing* zeigt: Als prägnante Bezeichnung für das seit der Fußballweltmeisterschaft 2006 im eigenen Land aufgekommene gemeinsame öffentliche Betrachten von im Fernsehen übertragenen Fußballspielen fand der Ausdruck schnell Verbreitung in unserem Sprachgebrauch. Dass im Englischen damit die »öffentliche Leichen-schau« gemeint ist, kann als makabre, aber irgendwie auch lustige Mahnung dafür angesehen werden, dass wir vielleicht doch noch einmal auf die Bedeutung in der Herkunftssprache achten sollten, bevor wir fremdsprachige Begriffe in unsere Sprache einführen. Um einen sinnvollen deutschen Begriff für *Public Viewing* zu finden, rief ein Radiosender einen Wettbewerb unter seinen Zuhörern ins Leben. Die zum Sieger gekürte Alternative »Rudelgucken« wurde von vielen jungen Menschen übernommen, wenn auch eher in einem ironi-schen Sinne. Wirklich durchgesetzt hat sich dieses Ersatzwort nicht.

Um den Leser vor einem überschwänglichen Gebrauch von Schein-anglizismen zu schützen – obwohl das englischsprachige Gegenüber mit Sicherheit seine große Freude daran hätte –, verdienen es einige dieser vermeintlich englischen und doch durch und durch deutschen Benennungen, gesondert aufgeführt zu werden: der »Hometrainer« beispielsweise, der ebenso wie das »Fitnessstudio«, das im englischen Sprachraum ausschließlich als *Gym* bekannt ist, ein rein in der deutschen Sprache verbreitetes Wort ist. Ein solches Übungsfahrrad, das man natürlich auch zu Hause, also *at home*, aufstellen kann, heißt im Englischen folgerichtig *Exercise Bicycle*. Ein echter *Home Trainer* wäre, wenn es ihn denn gäbe, vielmehr ein Übungsleiter aus Fleisch und Blut, der seinen Kunden netterweise auch Hausbesuche abstattet.

Nur in den Kleiderschränken kontinentaleuropäischer Herren findet man einen »Smoking«. Im englischen Sprachraum trägt der Mann bei festlichen Anlässen einen *Tuxedo* oder einen *Dinner Suit*. *Smoking* dagegen ist das englische Substantiv für »Rauchen«, was auch den Grund für den in unseren Breiten eher ungewöhnlichen Namen eines solchen Anzugs erklärt. Denn früher kannte man in Englands und Nordamerikas besseren Kreisen noch ein *Smoking Jacket*, das meistens aus dickem Samtstoff bestand und das sich die männlichen Gäste immer dann überzogen, wenn sie sich bei Feierlichkeiten ins Raucherzimmer zurückzogen und ihren feinen Zwirn (und womöglich auch die weibliche Begleitung) vor den allzu aufdringlichen Tabakgerüchen schützen wollten. Während das hier unbekannte *Smoking Jacket* an seinem Ursprungsort allerdings nach und nach ausstarb, rettete sich der »Smoking« in den 1920er-Jahren in abgewandelter Form nach Kontinentaleuropa.

Fast genauso lange wie den falschen »Smoking« kennt man in Deutschland die »Musicbox«, die in den frühen Dreißigerjahren durch den Siegeszug der Vinylschallplatte auf den internationalen Markt kam und fortan für die musikalische Unterhaltung in zahllosen Abendlokalen sorgte. In den USA, wo die Apparaturen erfunden worden waren, erhielten die Maschinen zunächst eine allzu technische Bezeichnung: Man sprach vom *Coin-operated Phonograph*, also dem »münzbetriebenen Klangschreiber«, der sich im deutschen Sprachraum absolut zu Recht nicht bei den begeisterten Benutzern durchsetzen konnte. Und während sich, begünstigt durch den Erfolg der Musikrichtung *Rock'n'Roll*, westlich des Atlantiks der schöne Begriff *Jukebox* einprägte – *to juke* beziehungsweise *to jook* ist ein Slangausdruck für »tanzen« –, setzte man bei uns nicht auf die »Tanzschachtel«, sondern eben auf einen Scheinanglizismus.

Der »Oldtimer« kennzeichnet in unseren Gefilden schon seit den Fünfzigerjahren ein altes Automobil mit einem in der Regel besonders hohen Sammlerwert. Im Englischen hingegen wird *Oldtimer* entweder für einen Kriegsveteranen oder ganz allgemein für ältere Menschen verwendet. Eine spezielle Beschreibung für in die Jahre gekommene Fahrzeuge kennt die englische Sprache nicht, am ehesten spricht man noch von einem *Vintage Car* oder einem *Antique Car*. Schade ist es, dass sich der »Oldtimer« bei uns derart flächendeckend durchgesetzt hat. Vor dessen Einführung galt ein nicht mehr ganz neues Auto nämlich als »Schnauferl«, ein überaus originelles Wort, das seine Herkunft vom sogenannten Schnüffelventil ableitete, welches um die Jahrhundertwende in Viertaktmotoren verbaut wur-

de und beim Fahren ein besonders charakteristisches Geräusch von
sich gab – es »schnaufte« immer ein wenig im Motorraum. Auch
wenn sich das »Schnauferl« nicht gegen den »Oldtimer« behaupten
konnte, lässt eine Gruppe von organisierten Automobilisten das
Wort in ihrem »Allgemeinen Schnauferl-Club« weiterleben. Dieser
besteht überdies interessanterweise seit 1900, obwohl es damals
eigentlich noch gar keine alten Autos geben konnte, weil Carl Benz
sein Gefährt mit Verbrennungsmotor erst 14 Jahre zuvor zum Patent
angemeldet hatte. Aber zunächst legten die Herrschaften den
Schwerpunkt ihrer Vereinstätigkeit auch auf das gesellige Beisam-
mensein. Die Leidenschaft für »Oldtimer« kam erst später hinzu.

Wer eine extra Portion Härte und Unangepasstheit demonstrieren
will, pflegt in Deutschland womöglich den Lebensstil eines echten
»Rockers«. Wenn wir diesen Begriff hören, haben die meisten von
uns sofort ein bestimmtes Bild vor Augen, das maßgeblich durch
den Film *Easy Rider* (1969) mit Dennis Hopper und Peter Fonda in
den Hauptrollen geprägt worden sein dürfte. Leider würden es die
Herren Hopper und Fonda nicht verstehen, spräche man sie auf ihre
Paraderollen als »Rocker« Billy und Wyatt an, die mit ihren Harley-
Davidson-Maschinen quer durch die Vereinigten Staaten fahren
und ihre wilde Reise am Ende nicht überleben: Motorrad fahrende,
Lederjacke tragende und nicht immer vollkommen gesetzestreu
handelnde, raue Kerle, die heutzutage gerne auch im Zusammenhang mit organisierter Kriminalität auftreten, nennen sich außerhalb
Deutschlands *Biker* oder *Bikies*. Allenfalls in England sind die *Rocker*
noch ein Begriff, dort aber eher als Angehörige einer musikalisch
geprägten Subkultur und nicht als Mitglieder eines *Biker Clubs*.

Ein echter »Rocker« geht natürlich ab und an auch einmal in eine Bar und bestellt beim »Barkeeper« ein anständiges hochprozentiges Getränk. In Großbritannien und in den USA ist es allerdings der *Bartender*, der den *Drink* über die Theke zum Gast hinüberreicht. Seinen Ursprung hat der Begriff in den Bars, die bereits vor gut 200 Jahren durch die fortschreitende Industrialisierung in den englischen und US-amerikanischen Städten entstanden sind. Das Ausgangswort »Bari« bezeichnete im Althochdeutschen einen tragenden Querbalken, woraus sich dann die *Bar* im Sinne einer aus Holz gebauten Theke ableitete. Und weil es selbstverständlich jemanden geben musste, der diese Theke zu »hüten« hatte – *to tend* –, war der Begriff für den dort zuständigen Mitarbeiter schnell gefunden. Einen »Barkeeper« gibt es im Englischen zwar auch, allerdings bezeichnet er den Kneipen- oder Gastwirt. Die bei uns immer häufiger gebräuchliche Bezeichnung *Barman* findet man sowohl im deutsch- als auch englischsprachigen Kulturraum hinter Theken.

Ob *Barman*, »Barkeeper« oder *Bartender* – alle drei dürften sich ab und zu eines »Mixers« bedienen, um diverse Zutaten zu vermischen, was ja schon in der Begrifflichkeit an sich steckt, in der sich das englische Verb *to mix* verbirgt. Und doch gibt es ein derartiges Küchengerät hauptsächlich in der deutschen Sprache, während man auf

Englisch meistens von einem *Blender* spricht. Dass dieses Wort auf Deutsch eine vollkommen andere Bedeutung und zudem in einem vollkommen anderen Kontext besitzt, macht die Sache besonders charmant.

Findet man einen Menschen in einer völlig zugemüllten Wohnung vor, ist oft von einem »Messie« die Rede. Das »Messie-Syndrom« ist seit einigen Jahren als Krankheitsbild weithin anerkannt; Psychologen bezeichnen damit ein zwanghaftes Verhalten, bei dem das übermäßige Ansammeln von Gegenständen in den eigenen vier Wänden im Vordergrund steht – verbunden mit der Unfähigkeit, sich von diesen Sachen zu trennen und seine Wohnung aufzuräumen. Der Begriff ist eine Herleitung vom englischen Wort *Mess*, das Unordnung bedeutet. Einen »Messie« kennt man, abgesehen vom argentinischen Fußballspieler Lionel Messi, in der englischen Sprache allerdings nicht – dort spricht man vom *Compulsive Hoarding*, also dem »zwanghaften Horten«.

Ein weiteres aktuelles Beispiel für eine Anleihe aus der englischen Sprache ist die »Body Bag«, die von nahezu jedem namhaften Taschenhersteller angeboten wird. Bei dieser handelt es sich nach unserem Verständnis um eine Art Rucksack, dessen Trageriemen diagonal über Brust und Rücken verlaufen. Bei einer Reise in ein englischsprachiges Land sollte man jedoch den korrekten Begriff kennen, wenn man sich vor Ort eine solche Tasche kaufen möchte – und der lautet *Messenger Bag*, was eigentlich »Kuriertasche« bedeutet, an welche das gute Stück auch in Form und Beschaffenheit erinnert. Echte *Body Bags* finden sich dagegen vorwiegend in nicht ganz so angenehmer Umgebung, denn ihre originalgetreue Übersetzung aus dem Englischen lautet »Leichensack«. Übrigens handelt es sich beim »Rucksack« lustigerweise um einen Germanismus, der es nicht nur ins Englische, sondern auch ins Französische geschafft hat – dort heißt er *le Rucksac*. Seine Entstehung verdankt der deutsche Ausgangsbegriff dem waidmännischen Ausdruck »rücken«, was im Zusammenhang mit der Jagd so viel heißt wie »die Netze zusammenziehen«.

Ob es »Messie« oder »Bodybag« eines Tages auch in seiner deutschen Bedeutung in den englischen Wortschatz schaffen werden, darf bezweifelt werden. Dem »Handy« allerdings ist genau das gelungen: Seit einigen Jahren beobachten Sprachforscher, dass vor allem US-amerikanische Jugendliche davon reden, wenn sie eigentlich das *Cellphone* meinen. Auch wenn inzwischen zumindest in technischer Hinsicht das *Smartphone* den gewöhnlichen Mobiltelefonen – und damit unseren »Handys« – den Rang abgelaufen hat, hält sich die vermeintlich englische und dabei so deutsche Worterfindung tapfer im *Slang* der US-Großstadtkids. *I think I spider!*

DIE 7 SCHÖNSTEN SCHEINANGLIZISMEN

Discounter: Deutschland ist zweifelsohne das Land der »Discounter«. Auf etwas mehr als 5.000 Einwohner kommt in Deutschland heute einer dieser 16.000 Läden. Daher verwundert es nicht, dass auch die Begriffe »Discounter« (in Österreich: »Diskonter«) oder »Discount«-Handel rein deutsche Erfindungen sind. Sie ergeben ja auch Sinn, denn das englische Wort *Discount* heißt nichts anderes als »Rabatt« oder »Nachlass«, und genau den wollen Aldi, Lidl, Penny und Co. ihren Kunden auf jedes angebotene Produkt geben – zumindest sollen wir das glauben. In der englischen Sprache kannte man diese Bezeichnung in Bezug auf den Einzelhandel nicht – bis die ersten Filialen deutscher Ketten auch in Großbritannien und den USA öffneten. Und seitdem hat der lupenreine Scheinanglizismus als *Discount Store* doch noch Einzug in die Originalsprache qehalten.

Whirlpool: Es blubbert, es sprudelt – und es ist auch noch angenehm warm, weshalb der »Whirlpool« gelegentlich auch als »Hot-Whirlpool« bezeichnet wird. Von manchen als Keimschleuder geschmäht, hat sich die meist achteckige Badewanne mit den eingebauten Luftdüsen in den Siebzigerjahren hierzulande durchgesetzt, wenn bei uns auch nur unter diesem lustigen Fantasienamen. Wörtlich übersetzt hieße es »Wirbelbecken«, was natürlich nicht besonders entspannend klingt, und der Originalausdruck *Jacuzzi* war für eine erfolgversprechende Vermarktung offenbar zu sperrig. So allerdings hieß nun mal sein Erfinder, der Italo-Amerikaner Candido Jacuzzi.

Beamer: »*Tonight the super trouper beams are gonna blind me*«, singen Abba in ihrem Welterfolg *Super Trouper* – und benennen darin die gleichnamigen »Scheinwerfer«, die im Jahr 1948 vom amerikanischen Hersteller Ballantyne Strong Inc. entwickelt wurden. Damit ist klar, was ein *Beamer* im Englischen eigentlich bezeichnet – wenn nicht der englische Ausdruck für einen speziellen Wurf beim *Cricket* gemeint ist: einen Scheinwerfer nämlich. Der »deutsche« *Beamer* ist im Englischen dagegen das, was er auch hierzulande sein könnte: der aus dem Lateinischen entlehnte *Projector*.

4 **Evergreen:** Das Lied *My Way* von Frank Sinatra kann beispielsweise mit Fug und Recht als »Evergreen« bezeichnet werden, als musikalischer Dauerbrenner, der seit vielen Jahrzehnten immer wieder gespielt wird und nicht in Vergessenheit gerät – egal, welche unterschiedlichen Musikstile sich derweil durchgesetzt haben. Allerdings trifft diese Bezeichnung lustigerweise nur im Deutschen zu – in der englischen Sprache ist ein *Evergreen* das, was man sich gemeinhin auch darunter vorstellen würde, bezöge man es nicht auf zeitlose »Gassenhauer«: eine Pflanze, die eben das ganze Jahr über grün ist. Aber der übertragene Sinn, den wir diesem Scheinanglizismus aus unerfindlichen Gründen gegeben haben, ist auch sehr nett.

5 **Showmaster:** Passend zum »Evergreen« ist auch der »Showmaster« ein Überbleibsel vergangener Tage, das sich dennoch halbwegs stabil im deutschen Sprachgebrauch gehalten hat. Diesem entstammt er auch, denn im englischen Wortschatz sucht man einen derart benannten Moderator einer Fernsehsendung vergeblich. Während bei uns Peter Frankenfeld, Rudi Carrell, Joachim Fuchsberger oder Thomas Gottschalk als Paradebeispiele für begnadete »Showmaster« fast schon zum Nationalheiligtum gehören, waren und sind englische und amerikanische Kollegen schlichtweg *Hosts*: »Gastgeber«.

Dieses schnöde Wort aber wäre den genannten Herren mit ihren vielseitigen Talenten kaum gerecht geworden.

Catchen: Diese recht brachial anmutende Sportart, in der schwerere Verletzungen dennoch aufgrund vorher getroffener Absprachen eher selten sind, war einmal schwer angesagt in Deutschland: Es war die Zeit, als alles, was an kulturellen Errungenschaften aus den Vereinigten Staaten stammte, moderner und weltläufiger wirkte als deutsche Bräuche. Und so »catchten« in den Fünfzigerjahren des vergangenen Jahrhunderts eisenharte Kerle wie Hans »Der Würger« Waldherr, Fritz Müller junior oder Rudi Saturske gegeneinander, bis die Stühle flogen. Dort, wo diese Schaukämpfe herkamen, wurde übrigens seit jeher nur *Wrestling* betrieben, was die Übersetzung für die etwas ernsthaftere Sportart »Ringen« ist. Einen *Catcher* kennt man dagegen auf Englisch nur als »Fänger«; etwa beim *Baseball* oder im Falle des berühmten Romans von J. D. Salinger mit dem Titel *The Catcher in the Rye*, *Der Fänger im Roggen*.

Mailbox: Noch ein Wort aus der Techniksprache, von dem man kaum glauben kann, dass es im Englischen nicht oder wenigstens nicht in dieser Bedeutung existiert. Aber so ist es: Die »Mailbox« ist im Zusammenhang mit dem virtuellen Anrufbeantworter auf einem Mobiltelefon – passend zum »Handy« – eine ganz und gar deutsche Erfindung. Der englische Originalbegriff lautet *Voicemail* und bedeutet »Stimmnachricht«. Die englische *Mailbox* findet sich normalerweise an oder neben der Haustür – als stinknormaler »Briefkasten«. Und so besitzen wir inzwischen alle einen Briefkasten, den wir abhören können. Wer hätte das vor 30 Jahren gedacht.

TRUE AND FALSE FRIENDS

Inwieweit wir bei manchen Wörtern besonders aufpassen müssen

So wie im echten Leben sind wahre und falsche Freunde nicht immer leicht voneinander zu unterscheiden. In der Linguistik spricht man von wahren Freunden, wenn man Wörter meint, die aus zwei verschiedenen Sprachen kommen, aber gleich bzw. sehr ähnlich geschrieben werden und die dasselbe bedeuten, weil sie denselben sprachhistorischen Ursprung haben. Diese *true Friends* unterstreichen, wie nahe Englisch und Deutsch am Anfang ihres Weges beieinanderlagen. So litt man zum Beispiel zusammen *Hunger*, gab sich *tolerant*, feierte und stieß das englische *Glass* an das deutsche »Glas«. Darin enthalten waren *Beer* und »Bier« oder *Vine* und »Wein«. Wir speisten *Fish* und »Fisch«, aßen dazu *Carrots* und »Karotten« oder *Tomatoes* und »Tomaten«, und wir bekundeten uns gegenseitigen *Respect* beziehungsweise »Respekt«. Unser beider *Bed* und »Bett« waren sich schon immer ebenso nah wie *Garden*

und »Garten«, *Hen* und »Henne«, *Concert* und »Konzert«, *Storm* und »Sturm«. Und nicht zu vergessen der *Ball*, der sowohl im Englischen als auch im Deutschen zu den ersten Wörtern gehört, die ein *Baby* aussprechen kann und dessen Anfänge im althochdeutschen »Bal« des 9. Jahrhunderts liegen, was so viel bedeutet wie »geschwollener, aufgeblasener Körper«. An diesen und noch einigen Dutzend weiteren Vokabeln erkennt man die ungefähr 1.500 Jahre alten westgermanischen Wurzeln, die beide Sprachen gleichermaßen auszeichnen, sowie den jeweiligen Einfluss des Lateinischen am deutlichsten.

Doch genauso ist Vorsicht geboten bei tückischen Wörtern, die sich sehr ähnlich sind, aber nur vermeintlich dasselbe aussagen – und dadurch für wahrhaft peinliche Momente sorgen können, wenn sie irrtümlich oder leichtfertig verwendet werden, was wiederum schnell passieren kann. Auch davon gibt es überraschend viele, und es lohnt sich, einen genaueren Blick auf diese sogenannten *false Friends*, die »falschen Freunde« zu werfen, die sich rein optisch betrachtet oft beinahe so ähnlich sind wie Zwillinge – und doch aus ganz verschiedenen Familien kommen.

Die hinterlistige Fährte der »falschen Freunde« beginnt, alphabetisch betrachtet, mit der »Allee«, die – aus dem Französischen kommend – eine breite, mit Bäumen gesäumte Straße bezeichnet und in ihrer Pracht ganz und gar nichts mit der englischen *Alley* gemein hat, bei der es sich um ein schmales Gässchen handelt.

Lustige Verwechslungen drohen auch beim deutschen Adverb »bald«, mit der wir eine kurze Zeitspanne umschreiben. Im Englischen bedeutet *bald* »kahl« und beschreibt damit die persönliche Veranlagung zu einer Glatze. Und nur einem falschen Freund würde man bald einen kahlen Kopf wünschen.

Der »Chef«, den wir uns ebenfalls aus der französischen Sprache geborgt haben und der als Ableitung des lateinischen Wortes *Caput* (»Kopf«) vor mehr als 200 Jahren unseren »Vorgesetzten« verdrängte, ist im Englischen nur in der Küche zu finden – ein *Chef* ist dort der »Koch«, der »Chef« wiederum ist ein *Chief*. Trotzdem ist der Chefkoch nicht der *Chiefchef* oder der *Chefchief*, sondern der *Head Cook* oder der *Executive Chef*.

Wenn wir unserem englischsprachigen Kollegen mitteilen wollen, dass er uns einige Daten übermitteln soll, sollten wir ihn nicht darum bitten, uns *some Dates* zu schicken. Er würde sich nämlich sehr wundern, warum er uns ausgerechnet Datteln zukommen lassen soll. »Daten« im informatischen Sinne werden in der englischen Sprache »Data« genannt; ein Begriff, der mit der wachsenden Verwendung riesiger Datenmengen im Zusammenhang mit dem Anglizismus *Big Data* in den letzten Jahren auch bei uns gebräuchlich geworden ist.

Die deutsche »Fabrik« entspringt dem lateinischen Verb *fabricare* – was in etwa »anfertigen« bedeutet. Dieser sehr gängige Latinismus schaffte es auch auf die Britischen Inseln, vermutlich jedoch einige hundert Jahre bevor das Wort Einzug in die deutsche Sprache fand und als die Industrialisierung zwar schon in England Fahrt aufgenommen hatte, aber hierzulande noch lange nicht in Sicht war. Die Engländer verwendeten ihn damals allerdings hauptsächlich im Zusammenhang mit der handwerklichen Erzeugung von Textilien, sodass aus *fabricare* eines Tages das Substantiv *Fabric* im Sinne von »Stoff« wurde, was auch heute noch verwendet wird. Unsere »Fabrik« ist im Englischen hingegen die *Factory*, die ihre Herkunft von den – ebenfalls lateinischen Begriffen – *Manus* (»Hand«) *und Facere* (»herstellen«) ableitet, was sich schließlich in unserer »Manufaktur« wiederfindet. Diese gibt es dann auch auf Englisch – als *Manucfactory* und damit als »wahren Freund«.

Zugegeben etwas weit hergeholt, aber doch lustig ist das Exempel »Fahrt«. Auch sie verdanken wir dem Althochdeutschen, in diesem Falle der »Vart«, die eine längere »Reise« oder auch einen »Kriegszug« bezeichnet – was ja, je nach Erziehung des Reisenden, auch in der Gegenwart mitunter eng zusammenhängen kann. Aufgrund des lang gedehnten Vokals a exakt genauso betont wird das englische Wort *Fart*, das weniger mit einer Reise-, denn der Darmtätigkeit zusammenhängt, denn bei ihm handelt es sich um einen Abwind, auf gut Deutsch also um einen »Furz«. Wenn Sie also jemandem *a free Fahrt* anbieten, wundern Sie sich nicht, wenn er ablehnt. Denn einen »kostenlosen Pups« will er vielleicht einfach nicht haben. Wenn Sie es dagegen mit *a free Ride* versuchen, könnte das Resultat besser aussehen.

In kulinarische Abgründe begäben wir uns, würden wir das deutsche »Fleisch« mit dem englischen *Flesh* gleichsetzen. Zwar benennen beide Wörter ausgehend vom mittelhochdeutschen »Vleisch« an sich dasselbe, nämlich das von Bindegewebe umgebene weiche Muskelgewebe eines Körpers. Während wir damit sowohl menschliche als auch tierische Körper meinen und somit nichts dabei finden, ein schönes Stück »Fleisch« zu verzehren, spricht der Engländer von *Meat*, wenn er tierisches »Fleisch« im Allgemeinen essen möchte und er sich nicht gerade zu den Kannibalen zählt. *Flesh* hingegen ist vorwiegend ein Bestandteil des Menschen und aus diesem Grund nicht zum Verzehr geeignet. Also seien Sie vorsichtig mit der Aussage »*Today I need a really big piece of fresh flesh!*« – das könnte zu Verwirrungen führen.

Übt ein deutschsprachiger Arbeitnehmer die Tätigkeit eines »Hausmeisters« aus, ist er zumeist mit allerlei handwerklichen Tätigkeiten betraut. Der englische *Housemaster*, der wahrhaftig existiert, dürfte diese Gewerke jedoch an einen Untergebenen delegieren: Bei ihm handelt es sich um einen »Heimleiter«, während der Mann mit dem grauen Arbeitskittel, den jeder noch aus seiner Schulzeit kennen dürfte, die schöne Bezeichnung *Caretaker* trägt. Unserem guten alten und sprachlich mittlerweile leider fast ausgestorbenen »Hausmeister« haben wir hingegen die etwas unsinnige Berufsbezeichnung *Facility Manager* verpasst.

Schon im Englisch-Grundkurs lernen wir, dass wir eine »Hose« im britischen Englisch mit *Trousers* und in der amerikanischen Variante mit *Pants* übersetzen müssen. Bei beiden Wörtern steckt der Plural bereits im Singular bzw. gibt es nur den Plural, wahrscheinlich wegen der beiden Hosenbeine, die ein solches Kleidungsstück gemeinhin besitzt. Doch während wir die »Hosen« auch in der Einzahl kennen, gibt es die Vokabel *Hose* ebenfalls im Englischen, allerdings nicht als Beinkleid, sondern als etwas weniger gebräuchlichen Ausdruck für *Tube*, den deutschen »Schlauch«. Die seltsame Mode der eng geschnittenen Schlauchhose hat den Begriff übrigens nicht begünstigt.

Um vom deutschen »Gefängnis« in die englische »Küche« zu gelangen, bedarf es nur eines einzigen Buchstabens. Zumindest, wenn man unser »Kittchen« und die *Kitchen* in Augenschein nimmt. Der deutsche Begriff als verharmlosende Bezeichnung für das Zuchthaus ist verhältnismäßig jung und stammt vermutlich aus dem späten 18. oder frühen 19. Jahrhundert, wo er sich aus der »Kitte« entwickelt hat, einem umgangssprachlichen Wort aus dem Rotwelsch, wie der Sammelbegriff für die zahllosen verschiedenen Soziolekte der fahrenden Völker, Bettler und Gaukler genannt wird. *Kitchen* dagegen entspringt der altenglischen *Kychene*, die ihrerseits vom lateinischen *Coquina* abstammen dürfte und somit nichts mit einem »Knast« zu tun hat, der seinerseits aus dem Jiddischen kommt und dort die Verhängung einer Geldstrafe umschreibt.

Möchte ein Engländer erklären, dass er einen Vorgang oder eine Person als »kurios« erachtet, verwendet er dafür zumeist das Adjektiv *strange*. *Curious* dagegen, das durch seine unübersehbare Ähnlichkeit in der Schreibung mit dem deutschen Adjektiv zu den am häufigsten benutzten »falschen Freunden« zählt, ist man nur, wenn man »neugierig« ist. Der lateinische Ursprung jedoch dürfte beiden Wörtern gemein sein, denn im Lateinischen bezeichnete das Wort *curiosus* einen besonders aufmerksamen Zeitgenossen. Erst im Laufe der Jahrhunderte bekam die deutsche Ableitung den etwas leicht negativen Beigeschmack des Sonderbaren, während die englische Deutung sich weiterhin am lateinischen Ausgangsbegriff orientierte.

Der deutsche »Mist« geht meistens mit etwas unangenehmen Aromen einher und beschreibt als Teil des mittelhochdeutschen »Mistunna« die ausgeschiedenen Exkremente von Tieren, die schon im 8. Jahrhundert mit Streu vermischt und aufgeschichtet wurden, bevor man sie als Dünger weiterverwendete. Der englische *Mist* dürfte im Gegensatz dazu weitgehend geruchsneutral sein, handelt es sich bei ihm doch um den »Nebel«, der in sprachlicher Hinsicht wohl griechische Vorfahren haben dürfte.

Die letzte »Patrone«, die gelegentlich im Deutschen verschossen wird, hat eine interessante Wandlung hinter sich: Der Wortsinn in unserem Sprachraum erklärt sich durch die französische Übersetzung des lateinischen *Pater*, der einst vollkommen friedfertig den »Vater« meinte. Daraus wurde dann in den kontinentaleuropäischen Kriegswirren des 16. und 17. Jahrhunderts eine »Vaterform« im Sinne einer »Schablone«, die eben die Vorlage für die Herstellung von Munition bildete. Im Englischen dagegen blieb der lateinische Ursprung von Schusswaffen verschont: Als *Patron* wird auch heute noch der »Schirm-« oder »Schutzherr« bezeichnet. Eine Pistolenkugel heißt stattdessen *Bullet*, und eine »Patrone« im Sinne einer Nachfüllkassette etwa für Drucker nennt sich *Cartridge*.

Unter keinen Umständen sollte man den *Undertaker* mit unserem »Unternehmer« verwechseln, obwohl er sich wörtlich genommen so schön ins Deutsche übertragen ließe. Allerdings erklärt sich der erste Wortteil des englischen Begriffes dadurch, dass der so Bezeichnete einen Menschen schlechterdings unter die Erde bringen muss: Ein *Undertaker* ist niemand Geringerer als ein »Leichenbestatter«. Jemand, der etwas im geschäftlichen Sinne »unternimmt«, wird vielmehr im Englischen mit einem aus dem Französischen stammenden Wort betitelt: als *Entrepreneur*, was auf Deutsch »Auftragnehmer« heißen würde.

Und so geht es vielfach weiter: Keinesfalls entspricht etwa das englische Wort *Abattoir* dem deutschen »Abitur«, sondern bezeichnet einen »Schlachthof«. Ein *brave Girl* muss nicht unbedingt brav sein, ist aber ganz sicher »tapfer«. Wenn etwas *bright* ist, ist es nicht

»breit«, sondern »hell«. Die *Direction* hat nichts mit der Führungsebene eines Unternehmens zu tun, sondern beschreibt eine »Richtung«. Der deutsche »Gang« klassifiziert im Englischen in erster Linie eine kriminelle Vereinigung und keinen Weg. Ein deutscher »Hut« ist in exakt dieser Schreibweise im Englischen eine »Hütte« und als Kopfbedeckung ein *Hat*. Das »Lager« meint in unserem Sprachraum eine Halle, in der man Gegenstände verstauen kann – in Großbritannien und den USA bekommt man bei der Nennung desselben Wortes im Idealfall ein helles Bier, während das *Warehouse* unserem »Lager« entspricht und bestimmt nicht dem »Warenhaus«. Und mit einem *Rock* würde sich eine englischsprachige Frau nur kleiden, wenn sie aus unerfindlichen Gründen einen »Felsen« tragen wollte.

1 Bank: Ja, eine *Bank* gibt es in der englischen Sprache genauso wie in der deutschen: Als gemeinsame Entlehnung der italienischen *Banca* handelt es sich um die Bezeichnung für ein Geldinstitut. Die ursprüngliche *Banca* war ein »Tisch«, der seine sprachlichen Wurzeln im Langobardischen – einem germanischen Dialekt – hatte. Dort wurde das so benannte Möbelstück von den Geldwechslern benutzt, weshalb es über ein paar deuterische Umwege auch als Sitzgelegenheit in die deutsche Sprache Einzug gehalten hat. Will man sich freilich gemütlich niederlassen, sollte man das auf Englisch lieber nicht auf einer *Bank* machen. Sondern auf der *Bench*, die dort am Wegesrand auf müde Wanderer wartet.

2 Billion: Dieser sehr gängige Übersetzungsfehler kann richtig teuer werden. Denn die deutsche »Billion« entspricht keinesfalls der englischen *Billion*, sondern der *Trillion*. Diese wiederum wäre hierzulande das Tausendfache davon, und weil das einfach verdammt viele Nullstellen sind, der Einfachheit halber von vorne: Die »Million« – vom lateinischen *mille* für tausend und der Vergrößerungsendung »one« – steht wörtlich übersetzt hier wie da für »Großtausend« und entspricht im Deutschen wie im Englischen der Zahl 1.000.000. Doch ab der »Milliarde« trennen sich die Zählweisen, denn unsere Bezeichnung für tausend Millionen – übrigens bekannt erst seit den Kriegsentschädigungszahlungen von Frankreich an das Deutsche Kaiserreich nach 1871 – heißt im Englischen *Billion*. Warum, weiß man nicht genau. Ist aber vermutlich eh nur für Bill Gates, Jeff Bezos und Mark Zuckerberg von Belang.

3 Lack: Der »Lack« ist ab, sagt man bei uns gerne, wenn man meint, dass etwas an Glanz verloren hat. Kein Wunder, bezeichnet der vom Arabischen *Laka* abgeleitete Begriff doch eine besonders hochwertige Lösung aus Harzen und Ölen. Ganz anders dagegen verhält es sich beim englischen *Lack*. Dieser könnte sich über das Altfriesische in den Wortschatz der Angelsachsen geschlichen haben, denn hoch im Norden stand »Lack« dereinst für einen Schaden. Und so ist der heutige *Lack* im Englischen eben keine Schutzlasur, sondern ein »Mangel« – und ein weiterer Beweis dafür, wie wundersam manchmal Sprachverläufe aussehen können.

4 Minze: Selbst Menschen, die noch nie englischen Boden betreten haben, wissen, dass die britische Küche gewöhnungsbedürftig schmecken kann. Eine beliebte Zutat für Fleischgerichte, aber auch für Soßen aller Art ist die »Minze«, ein aromatisches Lippenblütengewächs, das bei uns vorwiegend in der Erkältungszeit aufgebrüht wird. Das freilich sollte man mit dem englischen *Mince* besser nicht machen, sonst hätte man gegartes Hackfleisch in der Tasse. Aber wer weiß – vielleicht findet sich auch das auf mancher Speisekarte zwischen Schottland und Cornwall. Die auch in England sehr beliebte »Pfefferminze« indes heißt schlicht *Mint*. Und die wird dann auch als Tee getrunken; zumindest hierin herrscht Einigkeit.

5 Roman: Wer sich für den Urlaub in ein englischsprachiges Land aufmacht, der hat womöglich einen »Roman« im Gepäck. Kein Wunder, ist doch diese Erzählform die hierzulande beliebteste Literaturgattung, die ihren kulturellen Ursprung in der *Lingua Romana*, also der römischen Sprache hat. Und so ist es nur logisch, dass das englische Wort *Roman* für eben diese »römische« Herkunft steht, aber eben nicht für die Langform einer schriftlichen Erzählung. Diese nennt man im Englischen *Novel*, welche im Deutschen wiederum als »Novelle«, also als »Kurzgeschichte« bekannt ist. Lang, kurz, römisch oder nicht – da muss man erst einmal durchblicken. Einen »Roman« kann man jedenfalls in englischen Buchhandlungen nicht kaufen. Aber vielleicht treffen, denn den traditionellen Vornamen »Roman« gibt es dann doch in beiden Sprachen.

Stock: Wer die deutsche Sprache korrekt verwendet, der weiß, dass das Erdgeschoss niemals der erste »Stock« sein kann – sondern stets die (aus dem Französischen stammende) *Etage* darüber. Abgeleitet wird der Begriff »Stock« oder »Stockwerk« von der früher üblichen Holzbauweise, bei der in Fachwerkgebäuden auch Wurzelstöcke »verwerkt«, also verarbeitet wurden. Spricht man im Englischen von *Stock*, meint man allerdings den vorhandenen Warenbestand. Unser »Stock« hingegen ist der *Floor*, der aus dem 16. Jahrhundert stammt – und mit unserem »Flur« durchaus verwandt ist. Verwechseln sollte man die Stöcke trotzdem nicht.

Wimper: Lustige Verwechslungen drohen auch bei diesem Wörtchen, das in der deutschen Sprache natürlich das Haar am Rande eines Augenlids meint. Ohne mit der »Wimper« zu zucken, lässt sich feststellen, dass das althochdeutsche »Wintbra« (etwa: »hin- und herbewegen«) die sprachliche Wurzel dieses Ausdrucks ist. Es wäre also naheliegend, dass die englische Vokabel *whimper* ebenso für diese feinen Härchen steht. Doch *whimper* heißt »winseln«, während die »Wimper« als *Eyelash* übersetzt werden muss.

THINK LOCAL, SPEAK GLOBAL

Warum die Globalisierung manches unvermeidlich werden lässt und dennoch oft als Ausrede herhalten muss

Eine Ursache für die immer größer gewordene Bedeutung des Englischen in der deutschen Sprache liegt in der Rolle, die unsere heutige Lieblingsfremdsprache nach dem Ende des Zweiten Weltkriegs zumindest in Westdeutschland gespielt hat. Das Deutsche war sowohl international als auch in Teilen der eigenen Bevölkerung in Misskredit geraten – was unter anderem auch daran lag, dass sich die NSDAP der Sprache als Propagandamittel bedient hatte. Nach Kriegsende fand denn auch eine rasche begriffliche Entnazifizierung statt, vor allem in den Bereichen Politik, Justiz, Bildungswesen, Wirtschaft und Werbung. Viele Terminologien der NS-Diktatur verschwanden förmlich von einem Tag auf den anderen. Welchen Stellenwert die deutsche Sprache in der Stunde Null besaß, zeigt auch der letzte Satz in der Kapitulationsurkunde vom 8. Mai 1945: »Diese Erklärung ist in englischer, russischer und deutscher Sprache aufgesetzt«, heißt es da zwar, liest man jedoch weiter, steht dort: »Allein maßgebend sind die englische und die russische Fassung.« Gleichzeitig wurden die Sprachen der Siegermächte häufig auch von der deutschen Bevölkerung als demokratischer, moderner und zukunftsorientierter empfunden. Das galt vor allem für eine: Englisch lief von Anfang an den beiden anderen Besatzersprachen Französisch und Russisch den Rang ab.

Zwar wurde entlang des Rheines und im Saarland, beides später Teile der französischen Besatzungszone, naturgemäß schon immer sehr viel Französisch gesprochen. Durch die geografische Nähe zu Frankreich war der einheimischen Bevölkerung in diesen Gegenden die französische Sprache seit vielen Jahrzehnten geläufig und somit nichts Besonderes mehr, dem es nun noch stärker nachzueifern galt. Im britischen Sektor, der von Schleswig-Holstein im Norden bis ins südliche Westfalen in der Mitte Deutschlands reichte, waren indes nicht nur englische Truppen stationiert, sondern auch zahlreiche belgische, polnische und dänische Soldaten, was die englische Sprache im öffentlichen Leben dort nicht überall gleich dominant werden ließ. Die Russen im Osten wurden von den Besiegten auch wegen ihres schlechten Rufes überaus skeptisch betrachtet, und man eignete sich ihre Sprache daher nur widerwillig an, um sich irgendwie notdürftig verständigen zu können.

In der US-amerikanischen Besatzungszone jedoch, die Bayern, Hessen und weite Teile Baden-Württembergs sowie ab 1947 auch Bremen umfasste, waren die GIs nicht nur aufgrund ihrer schieren Anzahl überall in Stadt und Land präsent. Sie wurden vielerorts deutlich enthusiastischer empfangen als ihre britischen, französischen und russischen Kollegen.

Dieser Vertrauensvorschuss hatte zwar zunächst weniger mit der für viele so neuartigen Sprache zu tun; Englisch war trotz des sporadischen Schulunterrichts seit dem Ende des Ersten Weltkriegs für viele Deutsche bis auf seit dem 19. Jahrhundert etablierte Ausdrücke wie *Steak*, *Trainer* oder *Pudding* völlig unbekannt. Aber die USA wurden stets hoffnungsfroher und unvoreingenommener betrachtet als die anderen Siegermächte; sie waren in jeder Hinsicht ein Vorbild. Das galt in erster Linie für die Jugend: wegen der neuartigen Musik, der fortschrittlichen Technik, der provokanten Mode und der Sehnsucht erweckenden Filme aus Hollywood, wegen bis dahin unbekannter Konsumgüter wie *Coca-Cola*, *Hersheys Chocolate*, *Levi's Jeans* oder *Wrigley's Chewing Gum*, wegen der Federführung der USA bei der tollkühnen Luftbrücke nach West-Berlin und nicht zuletzt wegen der 100 Millionen *Care*-Pakete in den Hungerwintern kurz nach Kriegsende mit den zahllosen Dosen *Corned Beef*, den Paketen mit *Co-Op-Coffee* und den Päckchen voller *Jack Frost Sugar*.

Man kann also durchaus festhalten, dass der massive Einfluss der englischen Sprache auf das Deutsche nach 1945 in erster Line ein Einfluss des US-Amerikanischen gewesen ist, zumal die USA das größte Kontingent an Soldaten stellten und somit eine viel stärkere Sicht- und Spürbarkeit des US-Amerikanismus im hiesigen Alltagsleben gegeben war. Hätten die Amerikaner, aus welchem Grund auch immer, zum Beispiel Suaheli gesprochen – wir würden heute wahrscheinlich *Maisha* sagen anstelle von *Lifestyle*, *Mahali Pa Kazi* für *Job* und *Sherehe* statt *Party*. So aber waren viele Anglizismen, die wir im Laufe der Zeit eingeführt haben, eigentlich US-Amerikanismen, die mit einer kulturellen, modischen und wirtschaftlichen Ausrichtung an die Vereinigten Staaten einhergingen.

UNDERGROUND

Zunächst, in den Monaten nach der Kapitulation, waren es nur einige politische Entlehnungen aus dem Englischen, die wir eindeutschten: Der zuvor unbekannte »Schwarzmarkt« als Beschreibung eines an sich illegalen Handels basierte auf dem in den USA längst als gängig zu bezeichnenden Wort *Black Market*. Der »Kalte Krieg« stammte zuerst von Autor George Orwell, der in einem Zeitungsartikel Ende 1945 von einem drohenden *Cold War* aufgrund der atomaren Bedrohung schrieb. Der »Eiserne Vorgang« wurde von Großbritanniens Premierminister Winston Churchill geprägt, der in einer Rede 1946 die Abschottung des Ostblocks gegenüber dem Westen mit dem dramatisch-anschaulichen Begriff *Iron Curtain* kritisierte, der sich schnell im gesamten englischen Sprachgebrauch durchsetzte. Und selbst die Herabwürdigung eines korrupten Staates als »Bananenrepublik«, der hierzulande erstmals 1947 auftauchte, geht auf den US-amerikanischen Schriftsteller William Sydney Porter zurück, der in seinen Büchern öfters von *Banana Republics* in Lateinamerika schrieb.

Doch zügig nahmen wir auch neuartige Begriffe aus anderen Lebensbereichen wie Kultur, Mode und Ernährung vorwiegend aus dem US-amerikanischen Englisch eins zu eins ins Deutsche auf: *Beat-*, *Jazz-*, *Swing-* und später die *Rock'n'Roll*-Musik, *Babydoll*-Nachthemden, *Petticoat*-Röcke, *T-Shirts* und *Sweater*, Tanzstile wie *Twist* oder *Jive*, *Cornflakes*, *Softeis*, *Toastbrot* und *Cocktails* gab es zuvor im deutschen Wortschatz allesamt nicht, um nur einige Beispiele zu nennen. Ebenso kannten wir keine *Band* und keinen *Sound*, keine *Hitparade*, keine *Single*, kein *Album*, keinen *Star*, erst recht keinen *Superstar* und demzufolge auch kein *Comeback*, um aus der *Pop*kultur zu zitieren, die gleichsam neu war und die von einer gesamten Generation begeistert aufgenommen wurde.

Viele dieser vor allem für Freizeit- oder Feierabendgestaltung – ab Ende der Vierzigerjahre als *Hobby* betitelt – bedeutsamen Dinge waren sowieso unbekannt in einem Land, das sich zuvor zwölf düstere Jahre lang mehr oder weniger von der Außenwelt abgeschottet hatte. Gut, *Make-up* und *After Shave* gab es auch schon vor 1933, nur eben als »Schminkzeug« und »Rasierwasser«, die nach wie vor parallel in unserem Sprachgebrauch existierten.

Export und *Service* gehörten zu den ersten Begriffen, die vorhandene deutsche Wörter fast komplett aus dem Sprachgebrauch tilgten, nämlich die »Ausfuhr« und den »Dienst« im Sinne einer »Dienstleistung«. Bereits 1951 wurde im damals noch jungen Nachrichtenmagazin *Spiegel* erstmals von *Public Relations* geschrieben, als es um die Darstellung von »Öffentlichkeitsarbeit« ging und wenig später von *Knowhow*, wenn »Fachkenntnisse« gemeint waren. Der »Aufschwung« des Wirtschaftswunders wurde bald zum *Boom* erklärt, der »Abschwung« zur »Rezession« vom englischen *Recession*. Aus einer guten »Zusammenarbeit« wurde alsbald das *Teamwork* und aus dem »Geschäftsabschluss« der *Deal*. Der *(Swimming-)Pool* hielt Einzug in die Gärten der Oberschicht und schnell in unsere Sprache.

In diese drängte sich auch der *Teenager*, der den männlichen »Halbstarken« und den weiblichen »Backfisch« vergessen ließ.

Spätestens ab Mitte der Sechzigerjahre orientierte man sich in der Bundesrepublik nicht mehr nur politisch und gesellschaftlich, sondern besonders wirtschaftlich an der ökonomischen Weltmacht USA, was sich auch im entsprechenden Vokabular bemerkbar machte: Das *Investment* oder der *Investor* tauchten für »Kapitalanlage« und »Kapitalanleger« auf, es war jetzt von *Joint Ventures* die Rede, wenn sich Firmen »zusammenschlossen«, von *Promotion* und *Promotern* im Zusammenhang mit der »Reklame«, von *Marketing* als Ersatz für die »Absatzwirtschaft« und von *Sponsoren*, die den lateinischen *Mäzen* überflüssig machten. In vielerlei Hinsicht waren die neuen Bezeichnungen durchaus sinnvoll, weil sich viele geschäftliche Abläufe zunehmend internationalisierten, indem *Konzerne* oder gar *Holdings* aus anderen Ländern hier sesshaft wurden oder deutsche Firmen ihrerseits Produkte in alle Welt verkauften – und auch, weil sich beispielsweise neuartige Entwicklungen wie das *Leasing* durchsetzten und Bezeichnungen wie »Pacht« oder »Nutzungsüberlassung« eben nicht vollständig den Kern jener Geschäftsform trafen, die sich rechtlich von einer klassischen »Miete« unterscheidet.

In dieser Zeit setzte man auch zunehmend auf eine Begrifflichkeit, welche die Wirkung der englischen Geschäftssprache im Deutschen maßgeblich geprägt hat: den *Manager*. Das vom lateinischen *Manus agere* – zu Deutsch in etwa »an der Hand führen« – abstammende Hauptwort *Management* existierte zwar ebenfalls schon seit einiger Zeit in der deutschen Sprache, es wurde allerdings im deutschen

Wirtschaftsleben kaum benutzt und wenn, dann nur als Oberbegriff für alle Arten von Tätigkeiten, nicht als Bezeichnung einer einzelnen Anstellung und schon gar nicht als Beschreibung für private Aktivitäten: Obwohl eine Hausfrau in den Fünfziger- und Sechzigerjahren sicherlich den ganzen Tag lang alle Hände voll zu tun hatte, dürften ihr Begrifflichkeiten wie das *Familienmanagement* gänzlich unbekannt gewesen sein. Das dazugehörige englische Verb *to manage* leitete sich vermutlich vom italienischen *maneggiare* ab, das einen Vorgang aus der Tierdressur beschreibt: das Herumführen eines Pferdes in der Manege.

Erstmals als ökonomische Funktion konkret benannt wurde das *Management* nachweislich im Jahr 1911 vom amerikanischen Ingenieur Frederick Winslow Taylor. Der Mann wurde ironischerweise in Germantown geboren und gilt als einer der Begründer der modernen Arbeitslehre. Taylor suchte sich das zuvor als Substantiv im Englischen nicht geläufige Wort für die von ihm erdachte Verbesserung betrieblicher Abläufe aus. So beriet er zahlreiche Unternehmen und erreichte durch verschiedene Maßnahmen, dass die Arbeitszeit um ein Fünftel verkürzt und die Produktivität gleichzeitig erhöht werden konnte. Seine *Management*-Lehre sah vor, weitere Leitungsebenen in die Hierarchie einzuziehen, um die normalen Arbeiter zur bloßen Ausführung der anfallenden Tätigkeiten einsetzen zu können.

Erst sehr viel später wurde der Begriff auch im Deutschen zu einem Modewort, das viele Bereiche des wirtschaftlichen Schaffens abdecken sollte. Zunächst war da das in der japanischen Automobilindustrie der Siebzigerjahre erdachte *Lean Management*, also die strukturelle Verschlankung einer Produktion, daraus entwickelte sich das *Management* auch in deutschen Unternehmen beinahe zum heiligen Zauberwort. Nach dem »Lean Management« folgten »Finanzmanagement«, »Produktions- und Produktmanagement«, »Personalmanagement«, »Risikomanagement«, später »Datenmanagement«, »Flottenmanagement« oder »Zukunftsmanagement«. Es gibt, allen Ernstes, im Naturschutz die Bezeichnung »Bibermanagement«, mittels dessen Interessenkonflikte zwischen Land- und Forstwirten, die durch die Nagetiere geschädigt wurden, einerseits und dem Artenschutz andererseits gelöst werden sollen.

Erwähnenswert an dieser Stelle sind auch all die vielen an den *Manager* angelehnten Berufsbezeichnungen, die von den Personalabteilungen erdacht worden sind; wahrscheinlich, um normale Berufe etwas interessanter klingen zu lassen. Heute sind die Wortschöpfungen jenseits des längst berühmt-berüchtigten und bereits erwähnten *Facility Managers* (dessen Aufgabenbereich normalerweise jedoch über den eines klassischen »Hausmeisters« hinausgeht) selbstverständlich und allumfassend geworden: So organisiert ein *Travel Manager* die Geschäftsreisen der Belegschaft, kümmert sich der *Guest Relations Manager* um das Wohl seiner Gäste, plant der *Event Manager* Veranstaltungen, ist der *Content Manager* für »Inhalte« von wie auch immer gearteten Veröffentlichungen zuständig, nimmt der *Sales Manager* den »Verkauf« unter die Lupe, hat der *Area Manager* im Vertrieb den guten alten »Gebietsleiter« abgelöst, gibt es – je nach Kompetenzrichtlinien und Betriebszugehörigkeit – *Junior* und *Senior Manager* in verschiedenen Funktionen, ersetzt der *Key Account Manager* allerorten den »Kundenbetreuer« und sieht sich in manchen gemeinnützigen Organisationen sogar der »Ehrenamt-ler« inzwischen als *Non-Profit-Manager* geadelt. Und das ist nur ein Bruchteil all der *Manager*, die es in deutschen Firmen mittlerweile gibt.

Solche Berufsbezeichnungen wären dann sinnvoll, wenn sie in welt-weit operierenden Häusern Verwendung fänden, die ihre Stellen auch entsprechend international besetzen wollen oder müssen – und sich folglich auch an Menschen richten, die nicht Deutsch als ihre Muttersprache nennen. Warum aber in einer kleinen Druckerei mit nicht einmal einem Dutzend Beschäftigten, die ihre Bewerber vermutlich ausschließlich aus der einheimischen Bevölkerung rekru-tiert, ein hauptberuflicher Grafiker in der Stellenanzeige der Lokal-zeitung als *Multimedia Design Manager* ausgeschrieben wird, bleibt das Geheimnis des Inserenten. Man möchte ihm zurufen: Das hast du nicht nötig, um zeitgemäß zu erscheinen! Sei einfach so, wie du bist!

Doch derlei nebulöse Umschreibungen sind inzwischen auch jenseits des *Managers* mehr die Regel denn die Ausnahme. So geht schon die gewöhnliche Vorstandssekretärin fast überall als *Personal Assistant* durch, widmet sich der *Order-Administrator* der »Auftrags-abwicklung«, gewährleistet der *Legal Assistant* rechtlich einwandfrei-en Schriftverkehr, kommt ein »Gestalter« fast immer als *Art Director* daher, darf sich ein »Buchprüfer« als *Controller* fühlen, sind »Perso-nalsachbearbeiter« nunmehr in der Abteilung *Human Resources* tätig und wird sogar der altgediente »Sparkassenangestellte« zum *Cash Relation Officer* umgewidmet. Und um es auf die Spitze zu treiben:

Im Einzelhandel werden »Testkäufer« als geheimnisumwobene *Mystery Shopper* gesucht und manch elitäre Privatschule stellt lieber einen *Knowledge Navigator* statt einer »Lehrkraft« ein. Da kann man sich doch durchaus mal fragen: Warum das alles?

Natürlich ist das Geschäftsleben durch die technischen Möglichkeiten der digitalen Gegenwart durchlässiger geworden. Und das geht über die Betitelung von Berufen weit hinaus. Es ist heute problemlos möglich, mit einem einzigen Knopfdruck ein Produkt aus den USA, China oder Indien zu bestellen, das dann wenige Tage später im heimischen Briefkasten oder im Wareneingang des Betriebs landet. Da mag es nachvollziehbar erscheinen, wenn Artikelnamen, Betriebsanleitungen, Frachtbriefe oder andere Dokumente möglichst international gehalten sind.

Die Globalisierung, die uns seit gut 30 Jahren mit steigender Bedeutung im Geschäftsleben begleitet, bringt es mit sich, dass Individuen, Gesellschaften, Institutionen und sogar ganze Staaten dort miteinander verwoben sind, wo vorher jeder sein eigenes Süppchen in seinem eigenen Land kochte. Es ist selbstverständlich geworden, wenigstens teilweise im Ausland zu studieren oder Praktika zu absolvieren und später im Berufsleben für einige Zeit an einen anderen Ort irgendwo auf dem Erdball entsandt zu werden. Unternehmen gleichen Strukturen an, vernetzen sich gegenseitig und tauschen dadurch untereinander Wissen aus. Dabei ist es nur folgerichtig, dass es eine einzige Sprache als gemeinsamen Nenner geben muss, weil sonst die Verständigung noch schwieriger vonstatten ginge, als das in großen Firmen ohnehin schon häufig der Fall ist. Wie kann sich beispielsweise ein Siemens-Mitarbeiter in São Paulo mit einem Kollegen in Tokio und dem Projektleiter im Münchner Hauptquartier sonst über die anstehenden Aufgaben beim Wechsel der Sicherheitssysteme einig werden, die nach einer Konzernvorgabe weltweit vereinheitlicht werden sollen? Weil es sicherlich sehr wenige Menschen geben dürfte, die Deutsch, Portugiesisch und Japanisch sprechen und auch darüber hinaus noch ausreichend qualifiziert sind für eine Stelle als *Junior Solution Architekt*, sind Englischkenntnisse hierbei äußerst nützlich. Selbst wenn man sich dann freilich nicht mehr ohne Weiteres vorgaukeln lässt, dass man eigentlich nur als »untergeordneter Lösungsbaumeister« eingestellt worden ist.

Des Weiteren gibt es vollkommen neue Berufsfelder, die sich vor wenigen Jahrzehnten noch niemand hätte vorstellen können und die schon aufgrund ihrer technologischen und informellen Voraussetzungen mehr als nur grundsätzliche Englischkenntnisse erfordern: Die Arbeit in den Bereichen Informationstechnik, Beratung, Finanzen oder Logistik wären ohne eine globale Ausrichtung und somit eine globale Sprache nicht denkbar. Esperanto hat sich nicht durchgesetzt, Spanisch kennt man im Osten nicht, ein einheitliches Chinesisch sprechen nicht mal alle Chinesen – daher bleibt nur Englisch. Und da das nun mal auch die Programmiersprache Nummer eins ist, heißt es eben *Software* und nicht »weiche Ware« oder – etwas weniger polemisch – »Anwenderprogramme mit leicht veränderbaren Komponenten«.

Obwohl tiefergehende englische Sprachkenntnisse an sich in der
heutigen Zeit durchaus zu begrüßen und zumindest für jüngere
Menschen unverzichtbar sind, sollte man auf ausgefallene Anglizismen in der Geschäftssprache besser verzichten. Gleiches gilt für
von oben verordnete Englischzwänge. So hat Volkswagen, für viele
sicherlich der Inbegriff eines im Kern deutschen Unternehmens, kürz-
lich Englisch als verpflichtende Konzernsprache ab einer gewissen
Verantwortungsebene eingeführt. Begründet wurde dies damit, dass
auf diese Weise auch potenzielle Mitarbeiter von außerhalb Deutschlands für den weltweit tätigen Autobauer begeistert werden und
sich in ihrem neuen Umfeld somit schneller zurechtfinden könnten.
Dass aber als Folge des Vorstandsbeschlusses, der in Wolfsburg jetzt
eine *Board Decision* ist, altgediente deutschsprachige Angestellte
nun etwa auf Automessen nur noch auf Englisch mit den Kunden
verhandeln dürfen, wichtige Unterlagen ausschließlich in englischer
Sprache verfasst werden müssen und in Besprechungen schon bei
einem einzigen nichtdeutschen Muttersprachler umgehend ins
Englische gewechselt werden soll, erscheint dann doch etwas unver-
hältnismäßig. Immerhin laufen VW und zahlreiche andere deutsche
Konzerne wie Beiersdorf, Bertelsmann oder teilweise auch die
Deutsche Bank, in denen Englisch genauso als verpflichtende Ver-
ständigungsmethode eingeführt worden ist, Gefahr, dass manchen
Mitarbeitern im wahrsten Sinne die Worte fehlen. Angst, sich vor
den Kollegen zu blamieren oder den Erwartungen des Arbeitge-
bers nicht mehr gerecht zu werden, ist oft die Folge einer solchen
Regelung. So stellte ein sowohl in Europa als auch in Nordamerika
agierender Elektronikhersteller fest, dass bei den neu eingeführten
Videokonferenzen zwischen der deutschen und der amerikanischen

Niederlassung die Abwesenheitsrate auf der deutschen Seite nach einiger Zeit bis zu 80 Prozent betrug: Die Mitarbeiter hatten sich vor den angesetzten Terminen einfach krankschreiben lassen. Wer aber nicht mehr gern zur Arbeit geht und sich dort nicht mehr fachlich einbringen möchte aufgrund des Drucks, im fortgeschrittenen Alter eine Fremdsprache flüssig beherrschen zu müssen, dürfte seinem Betrieb auf lange Sicht viel weniger nützen als jeder noch so gut gemeinte *Language Change*.

Selbst das legendäre Scheitern der Fusion von Daimler und Chrysler vor einigen Jahren soll nicht zuletzt auch daran gelegen haben, dass sich viele der langjährigen Beschäftigten nicht mehr getraut hätten, ihren ausschließlich Englisch sprechenden Neu-Kollegen gegenüber Ideen, Wünsche oder Sorgen kundzutun. Geschätzte 50 Milliarden Euro hat die Sprachlosigkeit unter dem Strich gekostet.

Die Frage ist also, ob es hinsichtlich der Globalisierung eine Ausdrucksweise braucht, die – so scheint es – oftmals weit über den sinnvollen Gebrauch einer Fremdsprache hinausgeht und manchmal mehr Verwirrung als Verständnis stiftet. Unbestritten ist Deutschland eine Exportnation, die auf den Handel mit anderen Ländern angewiesen ist und demzufolge auch sprachlich konkurrenz- und anpassungsfähig bleiben muss. Andererseits ist unser zweitwichtigster wirtschaftlicher Partner noch immer Frankreich, knapp hinter den USA und noch vor Großbritannien, China oder Japan. Und zwischen

Lille und Marseille wird – abgesehen von einigen weltweit tätigen Unternehmen wie L'Oreal, Axa und Alcatel – in den meisten Betrieben vorwiegend oder ausschließlich französisch gesprochen, ob das dem Geschäftspartner im Ausland nun passt oder nicht. Es gibt also auch ein paar Argumente, die dafür sprechen, die Sprache und damit auch ein Stück weit die Unternehmenskultur so zu belassen, wie sie ist und immer war.

Schließlich sollte man in den Vorstandszirkeln deutscher Firmen auch nicht aus den Augen verlieren, dass Deutsch nun mal die Muttersprache vieler ihrer Kunden ist. Angesichts dessen wirkt es oft kontraproduktiv und wenig vertrauensbildend, wenn auf Webseiten und in Broschüren neue Produkte mit blumigen englischen Wörtern beschrieben werden, die Internationalität, Innovation und Fortschritt vermitteln sollen – und doch von vielen Adressaten nicht nachvollzogen werden können. Wenn etwa bei der Bewerbung einer Solaranlage für das heimische Hausdach vorwiegend von *Flix Flats*, *String Ribbon-Verfahren* und *Wafern* die Rede ist, dürften sich viele potenzielle Interessenten schnell wieder ausklinken.

Insofern sollten wir uns zwar bemühen, die Gegebenheiten der neuen wirtschaftlichen Herausforderungen zu akzeptieren, und vielleicht auch unser altes Schulenglisch mal aufpolieren, damit wir nicht vor *fright from the chair* fallen, wenn der Anrufer kein Deutsch versteht oder der Abteilungsleiter eine kurzfristige Videokonferenz mit einem ausländischen Standort anberaumt hat. Und andererseits könnten wir Englisch überall dort weglassen, wo es einfach nicht vonnöten ist. Schließlich wird eine »Besprechung« durch die

Bezeichnung *Meeting* nicht produktiver. Das *Morning-Briefing* erfüllt bestimmt auch als »Morgenlage« seinen Zweck. Ein Mittagessen mit einem Geschäftspartner muss nicht als *Business Lunch* im Kalender stehen, um den angenehmen Rahmen für ein dienstliches Gespräch zu bilden. Die »Arbeitsabläufe« lassen sich ebenso verbessern, wenn sie nicht als *Workflow* gekennzeichnet sind. Einen *Change Request* kann man problemlos als »Änderungswunsch« zu Protokoll bringen. Die »Vereinbarung« muss kein *Commitment* sein, um eingehalten zu werden. Der »Hauptredner« vermag einen kompetenten Vortrag zu halten, ohne als *Keynote-Speaker* angekündigt zu werden. *Leadership*-Aufgaben dürfen »Führungskräfte« ebenso erledigen. Wer einen Einfall in der *Pipeline* hat, kann ihn auch ohne Ölbohrung vorbringen. Die »Glaubwürdigkeit« verbessert sich nicht unbedingt durch die *Credibility*. Das *Worst-Case-Scenario* ist auch auf Deutsch leider der »ungünstigste Fall«. Die »Leistung« steigert sich nicht durch ihre Umbenennung in *Performance*. Das Arbeitszimmer zu Hause wird als *Home Office* weder größer noch gemütlicher. Die *Deadline* schwebt als Damoklesschwert über uns, selbst wenn sie »Abgabefrist« heißt. Und unsere persönliche *Work-Life-Balance* können wir auch verbessern, indem wir unsere Freizeit bewusster erleben. Vielleicht ja sogar ohne vermeidbare Anglizismen.

COME IN AND FIND OUT

Wie uns manche Marktschreier für dumm verkaufen wollen

Ein, nennen wir es mal etwas spitzfindig, *Undersector* der Geschäfts-sprache mit einer besonderen Anfälligkeit für die Verwendung englischer Wörter oder gar ganzer Sätze ist – die Reklame. Der Ausgangsbegriff dieses nahezu unverändert aus dem Französischen übernommenen Ausdrucks ist das lateinische Verb *reclamare*, was ungefähr so viel bedeutet wie »dagegen anschreien« (die »Werbung« stammt, wie man sich denken kann, etwas weniger prätentiös vom mittelhochdeutschen Verb »werben« ab, das wiederum von »wir-beln« abgeleitet sein könnte). Und laut war Reklame schon immer, seit sie erfunden wurde, um die darin angepriesenen Dinge an den Mann und später auch an die (Haus-)Frau zu bringen. Zwar soll es bereits im vor fast 2.000 Jahren nach dem Ausbruch des Vesuv untergegangenen Pompeji so etwas Ähnliches wie Werbetafeln gegeben haben. Die Urheber all unserer Verkaufsfördermaßnahmen aber waren vermutlich die Marktschreier des Mittelalters, die kreuz und quer durch die Lande zogen und ihre Waren und Dienstleistungen auf den Jahrmärkten der Städte und Gemeinden anpriesen. Auch die mussten sich naturgemäß lautstark Gehör verschaffen, wollten sie Aufmerksamkeit erregen.

Im Jahr 1854 erfand dann ein einfallsreicher Berliner Verleger namens Ernst Litfaß eine etwas klobige, aber praktische Säule, auf die fein säuberlich jene Bekanntmachungen geklebt werden konnten, die zumeist für Theatervorstellungen, Zirkusgastspiele, Konzerte, Sport- oder Parteiveranstaltungen warben. Bis dahin waren diese oft mannshohen Zettel ohne jede Ordnung und natürlich auch ohne behördliche Genehmigung einfach auf Fassaden oder Fensterscheiben gekleistert worden, sehr zum Ärger der jeweiligen Hausbesitzer. Die neue »Litfaßsäule« schaffte dafür nun Abhilfe. Auf ihr warb man zwar weitgehend geräuschlos, aber weil allein zum Einführungstag am 1. Juli gewissermaßen über Nacht sage und schreibe 150 dieser wuchtigen Werbepfeiler in Berlin errichtet wurden, kann man auch in diesem Zusammenhang von einer sehr deutlichen und damit ebenso lauten Wahrnehmbarkeit sprechen. Mit seiner Idee, die bald auch in anderen deutschen Städten umgesetzt wurde, hat der findige Druckereibesitzer jedenfalls die moderne Form der Werbung maßgeblich geprägt.

Gemeinsam waren den reisenden Händlern von einst, den Kunden von Herrn Litfaß im ausgehenden 19. Jahrhundert sowie den zumeist in schicken Großraumbüros sitzenden *Marketing Managern* in den Werbeagenturen der Gegenwart, dass ihre Botschaften meistens mehr versprachen, als das jeweils propagierte Produkt zu halten imstande war. Der Hang zur Übertreibung und zur Schönfärberei nahm vor allem im Zuge der Industrialisierung erheblich zu, weil es nun erstmals einen Wettbewerb zwischen mehreren Herstellern gab, die ähnliche oder gar identische Artikel anboten. Zuvor kaufte man eben das, was gerade im Gemischtwarenladen vor Ort verfügbar war – und hatte gar nicht die Möglichkeit, zwischen verschiedenen Seifen, Waschmitteln, Essenzen oder Lebensmitteln zu wählen. Durch die günstigere, weil massenhaft betriebene Fertigung entstand jedoch in vielen Segmenten eine immer größere Konkurrenzsituation.

Als Rechtfertigung für ihr Tun könnte man also sagen, dass es den Werbeschaffenden vermutlich in die Wiege gelegt worden ist, ein bisschen kräftiger auf die Pauke zu hauen, als es zur bloßen Beschreibung der Waren und Dienstleistungen ihrer Auftraggeber notwendig gewesen wäre. Nur: Warum das heutzutage in nahezu der Hälfte aller Fälle auch von nur in Deutschland tätigen Unternehmen auf Englisch erfolgt, das erschließt sich dem Betrachter nicht unbedingt.

Ihre erste Blütezeit erlebte die Werbung in Deutschland zu Beginn der Fünfzigerjahre, als der Wohlstand der Bevölkerung immer größer wurde und die Industrie nicht mehr allein den »Kunden« ansprechen wollte, der manche Güter eben für den Alltag brauchte. Vielmehr entdeckte man den »Konsumenten« für sich, der eine bestimmte Sache gar nicht zwingend benötigte, sie sich jetzt aber eben als Luxusartikel leisten konnte. Durch die Einführung moderner Werbeformate in Kino oder Rundfunk konnten neue Wege beschritten werden, um Botschaften zu platzieren, die idealerweise zum gesteigerten Absatz eines Produkts führten. Und so brannten sich nach dem Krieg Hunderte Schlagworte in das Bewusstsein einer ganzen Generation ein – gewollt oder ungewollt. Man wusste einfach, dass der Glühlampenhersteller Osram »hell wie der lichte Tag« war; dass Triumph einen »Roller voller Schwung und Kraft« verkaufte; dass Thompson »für Glanz und Frische« sorgte; dass Hausfrauen bei Bosch-Kühlschränken »diesen oder keinen« verlangten; dass Frigeo »köstlich brausend und erfrischend« schmeckte; dass sich im Asbach Uralt »der Geist des Weines« befand und man »darauf einen Dujardin« trank; dass »rasieren mit Warta vergnügt« machte oder dass Rennie »den Magen aufräumt«.

Den Anglizismus *Slogan* – dieses Wort stammt aus dem Gälischen und bezeichnete ursprünglich einen »Schlachtruf« – kannte man noch nicht, jedoch waren auch die Werbesprüche aus dieser Zeit leidlich beschönigend, wenn auch noch eher bieder. Erst mit der Einführung der Werbung für Zigaretten aus dem Haus Bergmann Mitte der Fünfzigerjahre hielt der Humor Einzug in die deutsche Reklame, und weil das eigens dafür entworfene »HB-Männchen« so schön in die Luft gehen konnte, bevor es eine Beruhigungszigarette rauchte, wurde es schnell sehr beliebt. Von da an entdeckten plötzlich viele Werbetreibenden, dass man mit leichtgängigen Sprüchen eine noch höhere Aufmerksamkeit bei den Verbrauchern erzielen konnte, weshalb der Werbereim ab Mitte der Fünfzigerjahre besonders populär wurde: »Heka Schuhcreme schafft im Nu – höchsten Glanz auf deinem Schuh«, hieß es damals zum Beispiel. »Gepflegt soll nicht die

Frau allein, gepflegt soll auch die Wohnung sein«, unterstrich der
Bohnerwachshersteller Seifix, und das Bundesministerium für Ernährung betonte vor der kalten Jahreszeit: »Angst vor Schnupfen – nicht
die Bohne! Wofür gibt's denn die Zitrone?« Das war nicht immer
besonders geistreich, aber einprägsam und zumindest verständlich.

Schnell kamen die Verantwortlichen in den Agenturen dahinter,
dass es zwar keine allgemein gültige Zauberformel für besonders
wirksame Weisheiten gab, aber doch einige Regeln, die man zu be-
herzigen hatte, wollte man dauerhaft im Gedächtnis der potenziellen
Kundschaft bleiben. Neben den Reimen konnten auch Alliterationen
(mehrere aufeinanderfolgende Wörter mit dem gleichen Anfangs-
buchstaben) nicht schaden (»Milch macht müde Männer munter.«),
Dreiklänge machten sich ebenfalls ganz gut (»Glanz, Schutz, Sauber-
keit.«), man verwendete gerne Superlative (»Das weißeste Weiß, das
es je gab.«) und Wortspiele (»Trinke ihn mäßig, aber regelmäßig.«)
oder setzte Metaphern (sprachliche Bilder) ein (»Seidenglanz für ihr
Haar.«). Mit Sprache, so viel war bereits klar, ließ sich in der Reklame
allerhand anstellen.

Englische Wörter hielten damals allerdings noch keinen Einzug in die
Werbung – warum auch? Man wollte ja, dass die Menschen nachvollziehen und sich bestenfalls merken konnten, warum sie sich beim
bevorstehenden Einkauf für das beworbene Produkt entscheiden
sollten.

In einer fremden Sprache zu werben entdeckte die Industrie erst
sehr zögerlich zu Anfang der Siebzigerjahre, als der britische Schoko-
ladenhersteller *Cadbury's* den deutschen Markt erobern wollte,

indem er mit der schlichten Losung »*Cadbury is in!*« gerade seine ausländische Herkunft betonte. Die anderen vorwiegend US-amerikanischen Produkte, die es natürlich auch schon lange vor der Einführung von *Cadbury's* in Deutschland zu kaufen gab, mühten sich im Gegensatz dazu damit ab, sich sprachlich den deutschen Verhältnissen anzupassen. Deshalb ließ sich etwa das Waschmittel *Dash* (zu Deutsch: »Schwung«) nicht nur in der eingedeutschten Schreibweise, sondern ebenso in der deutschen Aussprache als »Dasch« bewerben wie auch die *Levi's*-Hose, die erst viel später dann auch in Deutschland englisch korrekt ausgesprochen wurde. Und auch die entsprechenden *Slogans* wurden brav übersetzt. So warb der US-Tabakkonzern *Marlboro* brav mit dem »Geschmack für Freiheit und Abenteuer«, der Mitbewerber mit dem Kamel als Maskottchen ließ den rauchenden Protagonisten verkünden: »Ich geh' meilenweit für Camelfilter.«, und die US-amerikanische Zitronenlimonade *Sprite* (was eigentlich »Kobold« heißt, in diesem Zusammenhang aber eine Abkürzung aus *sprinkle* und *lite*, also »spritzen« und »leicht« sein soll) machte auf »eiskalt herb und glitzernd frisch«.

Neben *Cadbury's* und dem Nagellackhersteller *Cutex*, der mit »*Color come back!*«, also »Farbe, komm zurück!«, warb, gab es vor knapp 40 Jahren also noch kaum Anglizismen in der deutschen Reklame. Ohne es zu ahnen, stellten sich beide als Vorreiter einer Entwicklung heraus, die in der Folge ab ungefähr Mitte der Achtzigerjahre sehr schnell voranschritt: Zunächst fast ausschließlich in den Sparten Kosmetik und Bekleidung eingesetzt, stiegen die Anteile englischsprachiger Werbung dort binnen eines Jahrzehnts auf das Doppelte beziehungsweise Vierfache. Danach kamen andere Wirtschaftsbereiche wie Technologie, Tabak und Auto dazu. Heute

werden in diesen fünf besonders englischfreundlichen Geschäfts-
feldern Fremdsprachenanteile in der Reklame von teilweise bis zu 90
Prozent gemessen. Überwiegend auf Deutsch werben nur noch die
Arzneimittel- und die Lebensmittelindustrie.

Wie schon im vorherigen Kapitel beschrieben, nahm der Einfluss der
US-amerikanischen Popkultur auf die deutsche Jugend immer mehr
zu. Und mit diesem US-amerikanischen und vermeintlich modernen
sowie erstrebenswerten Lebensstil wollten Hersteller ihre Produkte
in Verbindung sehen. Eine einfache Möglichkeit stellten englischsprachige *Kampagnen* dar. Mit der Einführung des Kabelfernsehens
sowie der Verbreitung anderer neuer Medienarten wie Heimcompu-
tern oder Videospielkonsolen wuchs der Einfluss des US-amerikanischen Konsumverhaltens nur noch weiter und dehnte sich insofern
auch auf unsere Kaufgewohnheiten aus. Wer gerne Musikvideos
internationaler Künstler guckte und keine Folge US-amerikanischer
Fernsehserien verpasste, der wollte möglicherweise auch das Gefühl
haben, durch den Kauf solcher Produkte am aktuell angesagten
Lebensstil teilzuhaben.

Klar ist, dass die Verwendung der englischen Sprache in dieser
Branche ganz bewusst eingesetzt wird. Viele Werber setzen auf den
symbolischen Wert, den Englisch für viele von uns hat und der die
darüber hinausgehende Botschaft nebensächlich macht. Vereinfacht
gesprochen geht es hauptsächlich darum, die beworbenen Produkte

mit Weltoffenheit, Fortschritt und Internationalität in Verbindung zu bringen. Psychologen wissen, dass Werbung das Unterbewusstsein manipulieren soll. Und diese Manipulation kann auch und gerade durch eine bloße Vorspiegelung von Informationen gelingen – mithilfe von sprachlichen Signalen, die Wunschbilder wie Modernität, Luxus oder Spaß erzeugen sollen. Dafür bedarf es nicht immer einer konkreten Aussage: Unser Gehirn macht sich nicht die Mühe, das Gesehene oder Gehörte wirklich zu übersetzen. Aber in Kombination mit den verwendeten Bildern oder der eingesetzten Musik wird eine Aufmerksamkeit erzeugt, die im Idealfall anhaltender ist als jene vielen Eindrücke, die im Zusammenhang mit den Tausenden anderen uns täglich erreichenden Informationen auf uns einströmen.

Auch die meisten in der Werbung verwendeten Anglizismen bestehen aus Sprachsignalen, bei denen es nicht wirklich von Belang ist, was genau sie eigentlich bedeuten. Sondern nur, was wir damit möglicherweise verbinden.

Mit »*The Queen of Table Waters*« versuchte der Getränkehersteller Apollinaris aus Bad Neuenahr schon lange vor der Übernahme durch Coca-Cola den Konsumenten zu verdeutlichen, das beste Mineralwasser auf dem Markt zu vertreiben. Mit Erfolg: Das Bild, das das Sprüchlein zusammen mit einem edlen Erscheinungsbild und später im Fernsehen mit einer theatralisch eingesetzten musikalischen Untermalung beim Kunden auslöste, war, dass dieses Wasser sogar in Königshäusern getrunken werde. Diese Aussage aber steckte natürlich gar nicht hinter dem *Slogan*, was aber keine Rolle spielte. Vielleicht war die Doppelbödigkeit sogar Absicht.

Manchmal führen diese teilweise irrwitzigen englischen Sprachbilder aber so weit, dass viele Adressaten überhaupt nicht mehr verstehen, was sie da lesen oder hören – und schlimmer noch ist, dass dies den Verantwortlichen egal zu sein scheint. Einer Studie des Forschungsinstituts Endmark zufolge sind mindestens ein Viertel aller in der Werbung benutzten Vokabeln englisch – obwohl über 70 Prozent der Verbraucher englische Reklamefloskeln nicht verstehen.

Zumindest werden uns seit nunmehr gut drei Jahrzehnten einige überaus sonderbare englische Sprüche präsentiert, bei denen man sich eigentlich kaum vorstellen kann, dass sie jemals ins Deutsche übertragen worden sind, um ihren Sinngehalt zu überprüfen: Coca-Cola (*»You can't beat the feeling!«* – »Du kannst das Gefühl nicht schlagen!«, 1987–1993), Burger King (*»Have it your way!«*, »Bekomm's auf deine Weise!«, 1976–1996), Microsoft (*»Where do you want to go today?«* – »Wohin willst du heute gehen?«, 1995–2009) oder Apple (*»Think different!«* – »Denke anders!«, 1997–2002), um nur einige zu nennen. Zugutehalten kann man den so beworbenen Produkten und ihren Herkunftskonzernen, dass sie aus englischsprachigen Ländern stammten und die *Slogans* somit international gleichlautend zum Einsatz kommen konnten.

Ein wenig absurd wird es aber vor allem dann, wenn die Absender der englischen Werbebotschaften gar nicht aus dem englischen Sprachraum stammen, sondern urdeutsche Konzerne sind. Ein besonders schönes Beispiel hierfür ist der von Douglas erstaunlich blauäugige *»Come in and find out!«*-Fehltritt in den Neunzigerjahren, bei dem besagte Endmark-Studie herausfand, dass Verbraucher den *Slogan* mit »Komme herein und finde wieder hinaus!« übersetzen würden.

»*Science for a better life*« dachte sich vor einigen Jahren Bayer aus. Doch als das Meinungsforschungsinstitut YouGov konkret bei den Kunden nachfragte, konnte nur rund ein Drittel der Befragten diese Botschaft mit der erhofften Assoziation »Wissenschaft« in Verbindung bringen – der Rest dachte beim Wort *Science* allenfalls an den Begriff *Science Fiction*.

Der österreichische Schuhhändler Humanic ließ »*It's an addiction*« auf die Schaufenster seiner Geschäfte kleben, um den Käufern hiermit die »Sucht« nach schönen Schuhen anschaulich zu machen. Doch den Gefallen taten die meisten Kunden den PR-Strategen nicht – sie übersetzten den Text mehrheitlich als »Es ist eine Addition« und bezogen das auf den Verkaufspreis.

»*Taste the rainbow!*« sollte hingegen Lust auf den Geschmack der regenbogenbunten Kaubonbons von Skittles machen – doch kaum jemand der Studienteilnehmer konnte nachvollziehen, warum er einen Regenbogen »testen« soll.

»*Explore the city limits*« war von den Opel-Verantwortlichen als Leitmotiv für das 2006 eingeführte Modell »Antara« vorgesehen, um klarzumachen, dass man mit diesem Auto nicht nur in der Stadt herumfahren, sondern im übertragenen Sinne »über die Grenzen« gehen könne. Schade nur, dass allzu oft darüber gerätselt wurde, was denn an der Stadtgrenze »explodiert« war.

Und der Satz »*Red means go*« des deutschen Herrenschneiders Hugo Boss verschwand wieder im Schrank nach der Erkenntnis, dass die erhoffte Kundschaft bei der Lektüre als Erstes vermutete, bei Rot über die Ampel zu gehen – und nicht die rote Farbe des Markenlogos vor Augen hatte. Zum Glück hat dieser Werbespruch nicht zu einer Vielzahl an verunglückten Hugo-Boss-Anzugträgern geführt, die meinten, sie hätten mit ihrem Kleidungsstück einen besonderen Schutz und könnten auch bei Rot über die Ampel gehen.

Es gibt allerdings eine bestimmte Branche, die sich in der Verwendung von in englischer Sprache verpackten unrealistischen Versprechungen, die kaum ein Verbraucher wirklich versteht, überschlägt: die Kosmetikindustrie. Der *Prodigy Powercell Youth Grafter* von Helena Rubinstein gibt vor, ein »Wunderkraftzelle-Jugendkünstler« zu sein. *Clinique* brachte einen *Moisture Surge Extended Thirst Relief* auf den Markt und hofft vermutlich, dass frau nicht nachhakt, was genau denn ein »Feuchtigkeitsschwall mit erweiterter Durstlinderung« sein könnte. *Body Shop* verspricht mit den *Drops Of Youth* die »Tropfen der Jugend« und die *Performance Advanced Super Revitalizing Cream* von *Shiseido* strotzt nur so vor Superlativen und ist doch nur eine »leistungsverbesserte, weiterentwickelte, wiederbelebende Creme«.

Aber auch in anderen Bereichen wird lieber mit englischen Ausdrücken hantiert, obwohl kaum ein deutscher Käufer versteht, was ihm da gelegentlich von den Packungen im Laden entgegenspringt: Dass sich beispielsweise *Cornflakes*, die im 19. Jahrhundert von den Gebrüdern Kellogg erfundene Frühstücksmahlzeit, nicht als deutsche »Maisflocken« durchgesetzt haben, ist weder sprachlich dramatisch noch weiter verwunderlich – immerhin war die Kellogg Company schon seit Beginn des 20. Jahrhunderts auch in Europa aktiv und mit ihrem patentierten Produkt schnell Marktführer, sodass sicherlich Generationen auch deutscher Kinder wussten und wissen, was *Cornflakes* sind. Was aber die im selben Unternehmen hergestellten *Honey Bsss Loops*, die *Organic Wholegrain Wheats* oder ein *No Added Sugar Crunchy Müsli* genau sein sollen, bleibt der Kundschaft mutmaßlich weithin verborgen. Und egal ob es sich um WC-Reiniger wie Cillits *Bang Blue Wave* (»knall blaue Welle«), Waschmittel wie Lenors *Unstoppable* (»unaufhaltsam«), Getränke wie *Powerade Sports Mountain Blast* (»sportliche Berg-Explosion«) oder Soßen wie Heinz' *Mexican Style Spicy Burger Sauce* handelt, die überdies noch in der *Squeeze*-Flasche angeboten wird –, man entkommt den nicht zur Aufklärung beitragenden Anglizismen beim Einkauf nicht. Welchen Einfluss diese sprachliche Verwirrungstaktik auf die Unternehmensgewinne hat, lässt sich leider nicht beantworten. Es wäre aber interessant zu wissen, ob die Firmen wegen oder trotz ihres fragwürdigen Erfindungsgeistes erfolgreich sind.

Die von der Werbeindustrie erdachten englischsprachigen Begriffe haben längst eine Vielzahl über den Handel hinausgehender Reviere erobert – etwa das Fernsehprogramm, wo man sich schon daran gewöhnt hat, dass englische Serientitel nicht mehr übersetzt werden. Angesichts der Flut an Anglizismen auch bei ausschließlich für den deutschen Markt produzierten Sendungen wie *Germany's next Topmodel*, *The Taste*, *Let's Dance*, *The Voice*, *The Biggest Loser*, *Get the fuck out of my House*, *X-Diaries* oder *Temptation Island* muss man mehr als froh sein, wenn es noch junge Menschen gibt, die einen

Bachelor-Studiengang nicht für das *Casting* zu einer *Datingshow* halten, um bei den entsprechenden Ausdrücken zu bleiben.

Zweifellos lassen sich durch englische Werbebotschaften Produkte global vermarkten, wodurch die Firmen auch Kunden auf anderen Märkten ansprechen können, ohne überall länderspezifische Maßnahmen ergreifen zu müssen. Und gegebenenfalls ist manchmal das *Image* bedeutender als eine besonders tiefschürfende inhaltliche Aussage, die sich auf Englisch sicherlich treffender kundtun lässt – wie das bei den durchaus gelungenen, weil eingängigen und vor allem verständlichen Beispielen »*Intel inside*«, »*Just do it*« von *Nike* oder »*United Colors of Benetton*« der Fall ist, die sich ins kollektive Gedächtnis der Verbraucher gebrannt haben. Die Verwendung der englischen Sprache aus reinem Imponiergehabe heraus aber geht vielen Empfängern ebendieser Mitteilungen häufig eher auf die Nerven – und weckt ab und zu die Sehnsucht nach dem »Tiger im Tank«, der »Extraportion Milch« oder gar der »feinen englischen Art«. Auch auf diese Weise konnte man schließlich mal ausdrucksstarke Werbung machen.

WHY A COMPUTER IS STILL BETTER THAN A DATEN-VERARBEITUNGS-ANLAGE

Warum sich eine Sprache trotzdem weiterentwickeln muss

Dass wir uns über manch ausufernden Einfluss des Englischen auf unsere Sprache aufregen, ist nicht nur statthaft, sondern zwingend erforderlich. Würden wir nämlich gar nicht mehr dagegen aufbegehren, warum etwa der Einzelhandel die Jahreszeiten augenscheinlich nicht mehr in Frühling, Sommer, Herbst und Winter unterteilt, sondern vorzugsweise in *Spring Sale, Summer Sale, Fall Sale* und

X-Mas Sale, dann wäre die deutsche Sprache vermutlich endgültig dem *Underwalk* geweiht. Oder zumindest dem *Downfall*. Andererseits gilt das mit dem »Untergang« genauso, hätten wir in den vergangenen Jahrhunderten überhaupt keine verbalen Zuströme aus fremden Wortschätzen zugelassen. Am Beispiel des guten alten Latein ist ersichtlich, was mit einer Sprache passieren kann, wenn sie sich dem unabänderlichen Wandel der Zeiten irgendwann komplett verschließt: Man muss sie künstlich am Leben erhalten, damit man sie überhaupt noch verwenden kann.

Dabei ist die Entstehungsgeschichte der lateinischen Sprache etwas Besonderes: Sie geht auf eine geheimnisvolle Sage zurück, wonach die Bewohner des Latiums, einer historischen Region zwischen Tiber und Thyrrenischem Meer, vor knapp 3.000 Jahren ihre Ausdrucksweise einfach nach und nach von den von ihnen verehrten Nationalheiligen übernahmen – den sogenannten »Faunen«. Faunen versteckten sich der Legende nach tagsüber in Gebüschen und erhoben nur sehr selten ihre Stimme. Wenn sie aber zu den Menschen sprachen, dann taten sie das in einer merkwürdigen und bis dahin unbekannten Sprache. Entsprechend der Gegend, in der sich diese Sage zutrug, nannte man diese neue Sprache »Latein«. Nun kann bezweifelt werden, dass das Lateinische von Wesen stammt, die halb Mann und halb Ziege waren und die den Wald und die Natur beschützten und dabei auf ihrer Schalmei, einem Holzblasinstrument, spielten. Glaubt man nicht auch an den Osterhasen, erscheint es sehr unwahrscheinlich, dass es jemals so etwas wie »Faune« gegeben hat. Aber der Wahrheitsgehalt spielt hierbei keine Rolle, denn diese Geschichte ist viel schöner als jede andere sprachhistorische Herkunftsdeutung mit ihren Völkerwanderungen, Lautverschiebungen und anderen kompliziert zu erklärenden Änderungen im phonologischen System.

Eine im Vergleich dazu sehr gesicherte Erkenntnis ist, dass Latein ein gutes Jahrtausend später als Amtssprache des Römischen Reiches und somit als prägende Verkehrssprache beinahe des gesamten Mittelmeerraums nicht nur von erheblicher politischer Bedeutung war. Es bildete auch die schier unerschöpfliche Quelle einer herausragenden Literaturepoche, die als »Goldene Latinität« in die Weltkulturgeschichte eingegangen ist und die unter anderem mit den Herren Cicero, Orvid oder Horaz einige der bekanntesten und prägendsten Schriftsteller aller Zeiten hervorgebracht hat. Das reine und klar verständliche Latein dieser großen Denker bildete bis in die Neuzeit hinein die geistige Grundlage für zahlreiche Natur- und Geisteswissenschaften, für Medizin, Philosophie, Physik oder Astronomie. Gelehrte wie Martin Luther, Nikolaus Kopernikus oder Isaac Newton haben viele ihrer Werke in lateinischer Sprache verfasst. Bis ins 19. Jahrhundert wurden die Vorlesungen an nahezu allen europäischen Universitäten ausschließlich auf Latein abgehalten, und natürlich sind seine Spuren bis heute in vielen Sprachen und in Zigtausenden gängigen deutschen Begriffen sichtbar, ohne dass es uns überhaupt auffällt.

Allerdings war diese geradezu dichterische Reinheit Fluch und Segen zugleich, denn das Lateinische selbst hat sich spätestens seit den letzten vergeblichen Erneuerungsbemühungen, die in der Renaissance vorgenommen wurden, nicht mehr weiterentwickelt. Im Grunde war es schon seit Ciceros Zeiten eine tote, statische Sprache – gestorben an der Überheblichkeit (lateinisch: *Arrogans*) derer, die sie für perfekt und nicht verbesserungsfähig hielten, sodass die

lateinische Sprache eines Tages gewissermaßen in ihrem Ist-Zustand
einfror. Danach gab es keine Veränderungen der grammatischen
Formen und der Satzlehre mehr, es bildeten sich auch keine neu-
en Zeitformen aus. Irgendwann kamen auch keine neuen Wörter
mehr hinzu, weshalb man sich auf Latein nur mit größter Mühe und
unter Zuhilfenahme teils absurder Begriffskonstruktionen über all
die schönen Entwicklungen, die in den folgenden Jahrhunderten
stattfanden – bis hin zu Dingen wie Autos, Flugzeuge, Maschinen
oder das Internet –, unterhalten könnte, wenn man das denn wollte.
Und so wirken manche der im vom Vatikan herausgegebenen
Lexicon recentis Latinitatis enthaltenen, inzwischen rund 15.000 neu
erdachten Vokabeln wie *Fistula nicotiana* (»nikotinhaltige Röhre«)
für »Zigarette« oder *Tunicula minima* (»kurzes Hemdchen«) für den
»Minirock« unfreiwillig komisch. Und wenn *Technologiae quae di-
gitales dicuntur* die »Digitaltechnik« beschreiben soll, bleibt von der
ursprünglichen Klarheit des Lateinischen nicht mehr viel übrig.

Bezogen auf die deutsche Sprache wäre das ein bisschen so, als
würden wir noch immer den Duktus und den Wortschatz Walther
von der Vogelweides verwenden, der Anfang des 13. Jahrhunderts
mittelhochdeutsche Texte für seinen Minnesang verfasste, die sich
zum Beispiel so anhörten: »*Nideriu minne heizet diu sô swachet,
daz der lîp nâch kranker liebe ringet. Diu minne tuot unlobelîche
wê. Hôhiu minne heizet diu daz machet, daz der muot nâch hôher
wirde ûf swinget. Diu winket mir nû, daz ich mit ir gê. Mich wundert
wes diu mâze beitet: kumet diu herzeliebe, ich bin iedoch verleitet.
Mîn ougen hânt ein wîp ersehen, swie minneclîche ir rede sî, mir*

mac wol schade von ir geschehen.« Wenn Sie auch nichts davon verstanden haben, dann sei Ihnen gesagt, dass die zweite Lautverschiebung, die für die Entstehung unseres heutigen Deutsch als maßgeblich betrachtet wird, zu dieser Zeit schon recht lange zurück lag und die wahren Vorläufer unserer Sprache einige Jahrhunderte zuvor noch viel weiter entfernt waren von der jetzigen Form unserer Sprache als das eben zitierte Lied. So zählen Sprachforscher nicht weniger als elf verschiedene Veränderungsstufen in Grammatik und Aussprache, welche die germanischen Stammessprachen im Laufe der Jahrhunderte durchmachen mussten, damit sich überhaupt das Alt- und später eben das Mittelhochdeutsche herausbilden konnten. Der Vollständigkeit halber soll erwähnt werden, dass Walther von der Vogelweide mit seinem Gedicht zum Ausdruck bringen wollte, er habe sich in eine ziemlich heiße Braut verguckt und fürchte nun, die Gäule würden vor lauter Erregtheit mit ihm durchgehen. Oder so ähnlich.

Natürlich war auch diese Variante des Deutschen nur eine Durchgangsstation auf dem Weg zu unserer heutigen Verständigungsweise – und wenn man sich diese und weitere mittelhochdeutsche Aufzeichnungen durchliest, mag man allein aufgrund des Mangels einheitlicher Regeln und der daraus entstandenen Vielzahl parallel existierender Schreibformen erleichtert feststellen, dass nicht alles am gegenwärtigen Zustand zu verurteilen ist; selbst wenn es sich dabei um einen *Cliffhanger* am Ende einer *Daily Soap* zur *Primetime* im *Pay-TV* handelt. Kurz gesagt: Es ergibt schon einen Sinn, dass sich unsere Sprache immer wieder neu erfunden hat beziehungsweise dass sie neu erfunden wurde – von den Menschen, die sie sprachen und den Menschen, die mit ihr schrieben. Und sei es, dass wir sie

immer wieder für fremdartige Begrifflichkeiten empfänglich mach-
ten, vom lateinischen *Abort* über die französische *Toilette* bis zum
WC, das eigentlich für *Water Closet* steht und somit ein lupenreiner
Anglizismus ist.

Wahrlich gute Gründe, Wörter aus anderen Sprachen ins Deutsche
einzuführen, sind beispielsweise die zahlreichen Vokabeln, bei denen
eine deutsche Entsprechung entweder nicht gegeben ist – oder so
albern klingt, dass man guten Gewissens gleich das englische Original verwenden kann. Was nur würde man – um den größten Bereich
dieser durchaus vernünftigen Lehn- und Fremdwörter zu nennen –
zu all den technischen Errungenschaften sagen, die ihren Namen
bereits verpasst bekommen hatten, als sie in unseren Sprachraum
gelangten?

Der *Computer* beispielsweise – nicht das Gerät an sich, sondern
das englische Wort – stammt aus dem Lateinischen und bedeutete
dort, als Verb *computare*, »zusammenrechnen«. Davon leitete sich
dann das englische *to compute* ab, das ebenfalls nichts anderes
heißt als »berechnen«, und der *Computer* ist eben das Substantiv
dazu. Erstmals in der Neuzeit aufgetaucht sein soll es im Jahr 1892 in
einer Kleinanzeige, die in der *New York Times* veröffentlicht wurde
und mittels derer die US Navy Bewerber suchte, die über besonders
gute Rechenkünste verfügten und die in dem Inserat folgerichtig als
Computer angesprochen wurden: als »Berechner«. In seiner jetzigen

Deutung als leistungsfähige Datenverarbeitungsanlage gelangte der *Computer* dann in den 1960er-Jahren erst in die amerikanischen, dann in die Betriebe der anderen Industrienationen und bald auch in unseren hiesigen Wortschatz, wo er kurzzeitig auch als »Rechner« Bestand hatte. Spätestens seit dem Siegeszug des auch für Privathaushalte bezahlbaren *Personal Computer* in den Achtzigerjahren hat sich allerdings flächendeckend der englische Ausdruck als Gattungsbegriff für derartige Apparate gleich welcher Beschaffenheit und Größe durchgesetzt – selbst wenn es Menschen gibt, die »Rechner« sagen, was aber an Untertreibung grenzt; insbesondere wenn sie damit ein Hochleistungsgerät für mehrere tausend Euro meinen, das mit Berechnungen alleine sicher nicht ausgelastet ist.

Mit dem *Computer* erreichten uns etliche andere Wörter, die es im Deutschen zuvor nicht gab: die *Diskette* etwa, die als »magnetischer Flachdatenträger« auch keine sprachfreundlichere Alternative geworden wäre und die doch ein Scheinanglizismus blieb, weil das Originalprodukt im Englischen *Floppy Disc* genannt wird. Diese hätte man am ehesten als »Wabbelscheibe« übersetzen können, denn der eigentliche Datenträger im Inneren der Hülle war weich und biegsam, geradezu »schlaff«, auf Englisch eben *floppy*, aber das hätte sicher wenig fortschrittlich und modern geklungen. Erstaunlicherweise hat sich im Vergleich dazu die »Festplatte« als deutsche Entsprechung zur englischen *Hard Disc* durchgesetzt, die das eingebaute Gegenstück zur *Floppy Disc* bildete. Der *Monitor*, der sich derweil gegen den deutschen »Bildschirm« behauptete und an sich ein »Kontrollgerät« beschreibt, ist hingegen genauso zugewandert wie die *Hardware*, die ihren Namen aufgrund der »harten«, also der greifbaren Komponenten eines Computersystems erhielt, und die

Software, die als Informationstechnik nicht angefasst werden kann und damit als »weicher« Systembestandteil gilt.

Auch bei einem *Notebook* machte sich niemand die Mühe, über eine mögliche deutsche Alternative nachzudenken. Am ehesten hätte noch der »Klapprechner« einem tragbaren *Computer* in Sachen Sinnhaftigkeit ähneln können, aber als unter anderem der »Verein deutsche Sprache« Anfang der 2000er-Jahre dieses Ersatzwort vorschlug, war es längst zu spät: Die ersten kommerziell erfolgreichen *Notebooks* waren schon 1987 in den Handel gekommen und wurden seit der Eingebung des japanischen Herstellers Toshiba, sein im selben Jahr erschienenes Model »T1100« unter diesem Markennamen zu verkaufen, fortan nicht mehr umbenannt. So mag die wörtliche Übersetzung des »Notizbuchs« genauso unzureichend erscheinen wie das beim artverwandten *Laptop* der Fall ist, was »auf dem Schoß« bedeutet und nicht wirklich auf das Gerät als solches, seine geringe Größe und seine Fähigkeiten verweist – aber eben auf den gravierenden Unterschied zum stationären Rechner. Denn das Tolle am Laptop ist ja gerade, dass man ihn lässig auf seinem Schoß platzieren und damit quasi auf dem Sofa weiterarbeiten kann. Somit schwingt in dieser Bezeichnung auch gleich ein neues Lebensgefühl mit, dass wir mit einem deutschen Wort nur schwerlich transportieren können.

Als sich die EDV immer weiter entwickelte, gingen die Änderungen so schnell vonstatten, dass den Herstellern gar keine Zeit blieb, für die deutschsprachigen Kunden andere Begriffe zu suchen als jene, unter denen die Neuerungen eh schon weltweit bekannt waren: Der *Scanner* – als »Abtaster« für die Vermarktung sowieso untauglich – hätte schon als kaum einprägsames »Datenerfassungsgerät« Karriere machen müssen, um seinen Nutzen auf Deutsch zu verdeutlichen. Das *Internet* war als Zusammensetzung der lateinischen Vorsilbe *inter* und des englischen Wortes *Network* derart knapp und ausdrucksstark, dass jeder deutsche Versuch, irgendein »weltweites Datennetzwerk« dagegenzuhalten, zum Scheitern verurteilt sein musste. Gleiches gilt für den *Browser*, obwohl dieser als »Stöberer« ganz gut beschrieben hätte, was man mit ihm anstellt, und für den *Touchscreen*, für den es nie die ernsthafte Option gab, ihn als »berührungsempfindlichen Bildschirm« anzupreisen, von der kongenialen Wortschöpfung *E-Mail* ganz zu schweigen. Zwar lässt sich nicht genau rekonstruieren, wer diese Benennung einst erfand – nur die Urheber des Dienstes an sich sind bekannt. Aber die so naheliegende wie einfache Abkürzung der *Electronic Mail* war so prägnant, dass jede deutsche Wortbildung nicht mehr mithalten konnte.

Auch die Bedienung dieser Technik erfolgt seitdem vorwiegend einsprachig – sei es beim *scrollen* (*to scroll*, »blättern«), einem der typischen Hybridanglizismen, die uns in einem späteren Kapitel noch etwas ausführlicher beschäftigen werden und die englische Begriffe mit aus der deutschen Grammatik entliehenen Verb-Endungen kombinieren; wie auch beim »mailen« *(to mail:* »schicken«), »updaten« (von *to update*, »auf den neuesten Stand bringen«), »simsen« *(von SMS/Short Message Service,* »Kurznachrichtendienst«*),* »posten« *(to post*: »bekannt geben«) oder »tweeten«. Letzteres beruht auf einem besonders geschickten Marketingschachzug des Unternehmens Twitter, das für jede Einzelmeldung, die von den Nutzern in dem Kurznachrichtendienst verschickt wird, seit 2006 die drollige Bezeichnung *Tweet* verwendet – dem englischen Wort für einen »Pieps« oder das »Vogelgezwitscher«. Passend dazu ersann man Larry, the Bird – einen hellblauen Singvogel, der als Firmenmaskottchen die *Tweets* veranschaulicht. Eine bessere Wiedererkennbarkeit kann es kaum geben.

Einen Gutteil beigetragen zu dieser überall auf der Erde zu beobachtenden sprachlichen Konzentration auf fast ausschließlich englische Begriffe im Bereich *Computer* und *Internet* haben natürlich auch jene Weltkonzerne, die am meisten von der Entwicklung profitieren – Microsoft und Apple etwa, die mit Produkten wie Windows, Word, Office, dem Internet Explorer, dem Mac, dem Macbook und dem iPod, iPhone oder iPad das Ihre dazu beigetragen haben, dass anderssprachige Bezeichnungen in diesem Wirtschaftsbereich keine Chance hatten, sich gegen die gesetzten Begriffe durchzusetzen – weder *online* noch *offline*.

Aber schon vor der Massentauglichkeit von *PC*, *Laptop* und *Tablet* sowie der rasanten Verbreitung des *World Wide Web* gab es immer wieder englische Wortschöpfungen im technischen Bereich, die sehr schnell Eingang in unsere Umgangssprache und daraus ergebend auch in unseren offiziellen Wortschatz fanden: der »Videorekorder« beispielsweise, der eigentlich *Video Cassette Recorder* genannt und vom japanischen Produzenten JVC durch die Erfindung der VHS-(*Video Home System*-)Technik zum flächendeckenden Erfolg wurde.

Dessen Name setzt sich aus dem lateinischen *video* (»ich sehe«) und dem englischen *to record* (»aufnehmen«) zusammen. Oder der *Airbag*, der nie als deutsches »Prallkissen« akzeptiert wurde, obwohl es sich bei ihm gar nicht – wie man meinen könnte – um einen »Luftsack« handelt, weil er mit Stickstoff gefüllt ist.

In den Achtzigerjahren ersetzte die *Compact Disc* die Langspielplatte, und kaum jemand wäre zum Zeitpunkt ihrer Einführung auf den Gedanken gekommen, für unseren Sprachgebrauch stattdessen das Kunstwort »Kompaktscheibe« zu verwenden, das eher nach Schmelzkäse klingt denn nach einem neuartigen Speichermedium. Dass die *CD* ebenso wie ein gutes Jahrzehnt später die *DVD* als Akronym für *Digital Video Disc* jeweils in klangvollere *Player* gesteckt wurden statt in gewöhnliche »Abspielgeräte«, war zwar aus sprachlichen Gesichtspunkten unnütz, aber hinsichtlich der schlagkräftigeren Vermarktbarkeit die logische Folge: Diese beiden von ihren Urhebern patentierten Bezeichnungen wurden ohnehin weltweit gleichlautend verwendet, ähnlich wie der *USB-Stick*, der auf der *Universal Serial Bus*-Technologie beruht, welche bei uns schwerlich als »allgemeingültige, fortlaufende Datenschiene« durchgesetzt hätte werden können.

Auch beim *Ketchup* würde vermutlich niemand fordern, die wahrscheinlich vom Indonesischen *Kecap* – einer in der dortigen Küche sehr verbreiteten fermentierten Sojasauce – abgeleitete Anglisierung als »Tomatenwürztunke« einzudeutschen. Uns erreichte der (oder das) Ketchup nämlich erst zu Beginn des 20. Jahrhunderts, als er (oder es) schon gute 100 Jahre lang in der englischen Küche unter diesem Begriff verwendet worden war. Ähnliches gilt für die *Jeans*. Die wurde zwar erstmals im italienischen Genua genäht und kam dort als robuste Baumwollhose für die Hafenarbeiter zum Einsatz, setzte sich aber dank des fränkischen Auswanderers Levi Strauss begrifflich als englische Version des französischen Städtenamens von Genua, *Genes*, weltweit durch – Sprache konnte eben auch früher schon sehr international sein. Und *Cord* als solcher war zwar bereits Heinrich Heine bekannt, zumindest erwähnte er das in seinen Erinnerungen. Das englische Wort für die im britischen Manchester erfundene Gewebeart setzte sich aber von Beginn an gegen den deutschen Konkurrenten »Schnürlsamt« durch. Warum auch nicht?

Viele englische Begriffe, die sich kaum eindeutschen hätten lassen, finden sich darüber hinaus im *Sport*, der selbst als Anglizismus ab dem Jahr 1887 quasi offiziell, also durch den erstmaligen Einzug in den Duden, die »Leibesübungen« ablöste. Zwar kann man das *Boxen* (*to box*: »mit den Händen schlagen«) natürlich mit dem deutschen »Faustkampf« gleichsetzen, jedoch folgte diese Deutung erst weit nach der Verbreitung der eigentlichen Bezeichnung, die sich auch in unserer Sprache seit dem 18. Jahrhundert festgesetzt hatte.

Für *Hockey* hingegen, abgeleitet vom altfranzösischen *Houqet* (»Schäferstock«) und perfektioniert an englischen Universitäten, gab es ebenso wenig eine würdevolle Übersetzung wie für die in Schottland erfundene Sportart *Golf*, dessen Name wohl eine schottische Entlehnung des holländischen Wortes *Kolv* (»Schläger«) darstellt.

Der Name *Billard* bezieht sich Forschern zufolge auf seinen Pionier Bill Kew, der Mitte des 16. Jahrhunderts mit seinem *Yard* – einem historischen Messinstrument – erstmals Bälle auf dem Boden seines

Arbeitszimmers hin- und hergeschlagen haben soll, wodurch sich die Beschreibung *Bill's Yard* im Sprachgebrauch der immer größer werdenden Anhängerschaft dieser Freizeitbeschäftigung etablierte.

Dass die geschichtlichen Wurzeln des Fußballs gleichsam in England liegen, lässt sich noch heute anhand einiger Fachbegriffe feststellen, die es auf anderem Wege wohl eher nicht ins Deutsche geschafft hätten. Die meisten Wörter und Regeln wurden zwar mangels eigener Entsprechungen schlicht eins zu eins übersetzt (*Field*: »Feld«, *Kickoff*: »Anstoß«, *Offside*: »Abseits«, *Defender:* »Verteidiger«, *Striker*: »Stürmer«). Bei einigen Wörtern aber gingen den deutschen Fußballpionieren offenbar die Einfälle aus: Das *Foul* – englisch für »schlecht« oder »schmutzig« und nicht etwa »faul« – als knapper Ausdruck eines regelwidrigen Verhaltens blieb gleich, genauso wie das von den Urhebern des Fußballs angestrebte Ideal der *Fairness* (»Anständigkeit«) als moralisches Gegenstück zum *Foul*. Und noch immer spricht man in Österreich von einer *Corner*, wenn man einen »Eckstoß« meint, von einem *Goal* anstelle eines »Tores« und dort wie auch in der Schweiz von einem *Penalty*, während sich bei uns die deutschen Entsprechungen »Strafstoß« oder – etwas freier interpretiert –»Elfmeter« hielten. Ansonsten haben sich viele weitere Anglizismen erst in den letzten Jahren in die Fußballsprache eingeschlichen, etwa der *Keeper*, der an sich ein »Wächter« war und in vielen Sportberichten immer öfter unseren »Torwart« ersetzt. Oder der vom englischen Verb *to refer* für »begutachten« gebildete *Referee* als englischer Vertreter des »Schiedsrichters«.

Der wohl häufigste aller inzwischen nahezu unvermeidlichen englischen Begriffe in unserer Sprache ist jedoch: das *Baby*. Es beruht auf dem in England gebräuchlichen Verb *to babble,* also das Lallen von sehr kleinen Kindern – und aus *to babble* entwickelte sich vor einigen hundert Jahren schließlich das *Baby.* Ins Deutsche wurde es sprachlich vermutlich während des 19. Jahrhunderts hineingeboren, als sich viele wohlhabende Familien ein Kindermädchen leisten konnten, das nicht selten aus England kam, weil die dortige Ausbildung in ganz Europa einen sehr guten Ruf genoss. Natürlich benutzen wir auch heute noch die Begriffe »Säugling« für Kinder im ersten Lebensjahr und »Kleinkind« für Kinder vom ersten und bis zum dritten Geburtstag. Aber das *Baby* ist begrifflich deutlich universaler einsetzbar, weil es – anders als das Wort »Säugling« – auch die Kinder mit einschließt, die von ihrer Mutter nicht (mehr) gestillt werden. Aus diesem Grund können auch bei zusammengesetzten Folgebegriffen wie *Baby*bett, *Baby*nahrung oder *Baby*kleidung die Augen zugedrückt werden – und erst recht beim *Babysitter,* dessen zweiter Wortteil aus der Ornithologie stammt, wo er einen brütenden Vogel umschreibt, und der keine Entsprechung in der deutschen Sprache besitzt. Nur einen *Baby Sale,* der hoffentlich ohne den Verkauf von menschlichen Wesen vonstatten geht, sollten wir sprachlich nicht tolerieren, wenn er bei einem Kinderausstatter angepriesen wird.

Selbstverständlich kann man darüber nachdenken, ob wir alle nicht ein stärkeres Augenmerk darauf legen müssten, englische Übertragungen anzupassen oder gleich durch deutsche Wörter zu ersetzen.

Bei vielen in diesem Buch genannten Beispielen wäre es sicherlich angebracht, zumindest seinen eigenen Wortschatz dahingehend zu *checken*, ob man diesen nicht einfach auch mal »überprüfen« könnte. Ob man also nicht »glücklich« statt *happy*, »unter freiem Himmel« statt *open Air* oder »Benutzer« statt *User* verwenden sollte. Die Frage ist, ob das durch einen gewissen Druck erfolgen soll, wenn es freiwillig nicht klappt oder die Vorbilder aus Werbung, Handel und Medien nicht mit gutem Beispiel voranschreiten.

Frankreich hat das vor einiger Zeit versucht – mit seinem berühmten *Loi Toubon*, einem nach dem damaligen Kulturminister Jaques Toubon benannten Sprachschutzgesetz, das ab Mitte der Neunzigerjahre den Gebrauch von französischen Wörtern im öffentlichen Leben, etwa auf Hinweis- und Reklametafeln, in Dokumenten, Speisekarten, Broschüren und Katalogen oder auf Produktetiketten, vorschrieb. Selbst für die Wiedergabe in Rundfunk und Fernsehen gilt nun eine Französisch-Quote, die nicht unterschritten werden darf. Nach ersten holprigen Jahren, in denen viele Franzosen gegen diese vermeintliche Bevormundung protestierten, hat sich die Regelung inzwischen nach Ansicht der meisten Experten bewährt: Die französische Sprache profitiert insbesondere davon, dass viele Künstler ihre Muttersprache wiederentdecken und Texte darin verfassen, die sie ansonsten womöglich auf Englisch geschrieben hätten. Monsieur Toubon stellte sich allerdings auch vor, die gängigsten Anglizismen durch französische Wortkreationen zu ersetzen. Vor allem sollte der bereits vorhandene, aber kaum benutzte *Ordinateur* einen Begriff ersetzen, der den Minister wegen des allumfassenden Gebrauchs besonders störte. Dies jedoch hat nicht geklappt. Die meisten Franzosen sagen zum *Ordinateur* noch immer: *Computer*.

THIS MAKES NO SENSE

Was wir noch alles gedankenlos aus dem Englischen übernehmen

Mit der Beurteilung von Musik verhält es sich wie mit der Beurteilung von allen anderen Kunstformen – und auch für Essen, Kleidung oder eine Flasche Wein gilt: Die Geschmäcker sind so verschieden wie das Angebot, und Schönheit liegt immer im Auge des Betrachters – oder in diesem Fall besser gesagt: im Ohr des Zuhörers. Der eine lauscht lieber Richard Wagner, der anderer erwärmt sich für Helene Fischer, und wiederum andere sind Feuer und Flamme für die Herren von Rammstein. Derlei unterschiedliche melodiöse Vorlieben lassen sich vermutlich nicht miteinander vereinbaren, aber immerhin sind die Texte der genannten Künstler dahingehend vergleichbar, dass man sie aufgrund derselben Ausgangssprache einander gegenüberstellen und beurteilen kann.

»Wer möchte da nicht ledig sein – sein Weib gäb' mancher gern wohl drein«, heißt es bei Wagners zur Hochkultur zählenden Oper *Die Meistersinger von Nürnberg*; die Zeilen könnten aber auch so oder ähnlich in einem Schlagertext auftauchen. Und wenn Frau Fischer singt, sie glaube an große Träume, denn oft sei in der Asche noch immer etwas Glut, dann sieht das wenigstens auf dem Papier und mit einem hineingedachten rollenden »r« beinahe nach Rammstein aus, während deren Sänger Till Lindemann alles andere als brachial schmachtet, dass der Abend ein Tuch aufs Land und auf die Wege hinterm Waldesrand werfe, was dann aus lyrischer Sicht fast schon wieder in den *Meistersingern* auftauchen könnte.

Auch wenn die Tonfolge vermutlich einen größeren Einfluss auf Erfolg oder Misserfolg eines Liedes hat, ist also die Sprache natürlich ein ganz wesentlicher Bestandteil von Musik, und es erscheint nur folgerichtig, dass es sich um die Muttersprache handeln sollte, will man sein Publikum wirklich in den Tiefen seiner Seelen erreichen. Manche Titel aus den vergangenen 60 Jahren sind auch und gerade wegen ihrer originellen, melancholischen oder politischen Texte zum kulturellen Allgemeingut geworden – wie *Skandal im Sperrbezirk*, *Die da?*, *Griechischer Wein*, *Ein bisschen Frieden* oder *Verdammt ich lieb' Dich*, um nur einige zu nennen. In vielen Deutschkursen werden den Schülern besonders eingängige deutsche Musikstücke etwa von Unheilig, Pur, Herbert Grönemeyer oder Glasperlenspiel vorgespielt, um das Lernen spielerischer zu gestalten. Etliche Lieder wurden ihrer Aussage wegen von Rundfunksendern boykottiert, weil man um das sittliche Wohlergehen der Zuhörer fürchtete – wie etwa Falcos *Jeanny* wegen angeblicher Gewaltverherrlichung (»Niemand wird dich finden, denn du bist bei mir.«), *Burli* von der Ersten Allgemeinen Verunsicherung aufgrund der mutmaßlichen Bloßstellung von

Behinderten (»Am Kopf hat er ein Schwammerl.«) oder Manuelas
Schuld war nur der Bossa Nova wegen der Textstelle »Doch am
nächsten Tag fragte die Mama: Kind, warum warst du erst heut'
Morgen da?«, die im Jahr 1963 noch als anstößig empfunden wurde.
Als zwei Jahrzehnte später während der Neuen Deutschen Welle
Stephan Remmler von der Gruppe Trio einfach nur »Da da da« mehr
sprach als sang, wähnte manch traditioneller Germanist schon den
Untergang der deutschen Musikkultur. Und die zahlreichen spätpu-
bertären Reime einiger selbst ernannter *Ghetto Rapper*, die weitaus
weniger oft aus einem »Armenviertel« stammen, als ihr Etikett sug-
geriert, bringen regelmäßig Eltern, Lehrer und konservative Politiker
zur Weißglut und katapultieren sich dadurch in die Verkaufslisten.

Die Frage ist, warum uns all das bei englischen Texten weitaus
weniger umtreibt, wenn wir dieser Sprache schon einen so hohen
Stellenwert einräumen? Dies gilt umso mehr, weil trotz des stärker
werdenden kommerziellen Erfolgs deutschsprachiger Lieder – so
betrug der Anteil der Erzeugnisse deutschsprachiger Künstler am
Gesamtumsatz der Musikindustrie zuletzt regelmäßig über 40 Prozent – noch immer nach einer Expertenschätzung beinahe 90 Prozent der im Radio gespielten Titel englische Texte haben. Und bei
denen scheinen wir seit jeher nicht ganz so genau hinzuhören, was

die internationalen Vertreter des musikalischen Massengeschmacks alles von sich geben. Denn selbstverständlich entlarven wir einen einfallslosen, unsinnigen oder einfach nur einfältigen Text deutlich schwerer, wenn wir ihn nicht oder nur sehr ungenau verstehen – was bei vielen englischsprachigen Stücken der Fall sein dürfte, ganz unabhängig vom Zeitpunkt der Veröffentlichung.

Schauen wir uns exemplarisch Dean Martin an, den weltberühmten Interpreten zahlreicher, bis heute beliebter Gassenhauer. Er beglückte verliebte Menschen von den USA bis Europa 1950 mit dem italienisch-englischen Lied *That's Amore* und betonte darin: »*When a moon hits your eye like a big pizza pie – that's amore.*« Das bedeutete auf Deutsch ungefähr: »Wenn der Mond dein Auge trifft wie eine große Pizza, dann ist es Liebe.« Allerdings bleibt die Begründung aus, warum die Gefühle gerade dann aufflammen sollten, wenn einem ein belegter Teigfladen ins Gesicht fliegt.

Oder etwa Donna Summer, ihres Zeichens weithin anerkannte Tanzmusik-Königin der Siebzigerjahre. Sie teilte uns in ihrem *Song MacArthur Park* Folgendes mit: »*Someone left the cake out in the rain. I don't think that I can take it, because it took so long to bake it. And I'll never have that recipe again.*« Das reimt sich hervorragend nach dem bewährten umarmenden Schema abba, die Melodie ist gefällig, und deshalb wundert sich anscheinend niemand darüber, dass die Dame eigentlich beklagt, jemand habe den Kuchen, den sie auf so mühevolle Weise gebacken habe, im Regen stehen lassen und sie besitze das Rezept nicht mehr – was in dieser Deutung weniger nach mitreißender Tanzmusik klingt, oder?

Einer der bekanntesten Achtziger-Klassiker ist *Manic Monday* der Gruppe *The Bangles*, übersetzt »Die Armreife« (und keinesfalls »Die Bengel«), der auch heute noch zu den meistgespielten Liedern aller Zeiten gehört. Für diesen ließ sich der Komponist und Texter Prince Rogers Nelson, besser bekannt unter seinem Pseudonym Prince, folgenden *Refrain* einfallen: »*I wish it was sunday. That's my funday. My I-don't-have-to-run-day.*« Auf Deutsch: »Ich wünsche, es wäre Sonntag. Das ist mein Spaßtag. Mein Ich-muss-nicht-rennen-Tag.« Wohin Prince und die Damen von den Armreifen von Montag bis Samstag indes rennen müssen, erschließt sich aus dem Ohrwurm leider nicht.

In den Neunzigerjahren landete die Sängerin Des'ree mit *Life* einen Welthit. In Großbritannien wurde die Veröffentlichung sogar für die renommierten Brit Awards nominiert – trotz des dichterischen Offenbarungseids »*I don't want to see a ghost. It's a sight that I fear most. I'd rather have a piece of toast*«, was auf Deutsch so klingen würde: »Ich will keinen Geist sehen. Vor diesem Anblick habe ich am meisten Angst. Ich hätte lieber ein Stück Toastbrot.« Ein solches Kastenbackwerk, früher im Deutschen noch als »Bähschnitte« veralbert, ist vermutlich nicht die naheliegendste Kompensation, wenn man sich vor übersinnlichen Mächten fürchtet. Aber es reimt sich im Englischen halt so schön.

Shakira berichtete Anfang des neuen Jahrtausends in *Whenever, Whereever*: »*Lucky that my breasts are small and humble. So you don't confuse them with mountains.*« Sinngemäß sei sie demnach glücklich, dass ihre Brüste klein und bescheiden wären, weil man diese so nicht mit Bergen verwechseln könne. Warum man das hätte tun sollen, bleibt im Dunkeln, aber immerhin ist die Dame als gebürtige Kolumbianerin sprachlich entschuldigt.

Lady Gaga macht ihrem Künstlernamen alle Ehre, indem sie in *Bad Romance*, neben vielen für den Inhalt eher zu vernachlässigenden Dehnlauten wie »*Rah rah ah*« oder »*Gaga oh-lala*«, zum Besten gibt: »*I want your ugly, I want your disease, I want your everything, as long as it's free*« – also: »Ich will deine Hässlichkeit, ich will deine Krankheit, ich will alles von dir, solange es nur kostenlos ist«, was beim Hören in der englischen Originalsprache irgendwie sehr viel lässiger wirkt, als es sich in geschriebener Form auf Deutsch liest.

Versuchen sich gar einheimische Produzenten an englischsprachigem Liedgut, wird es in Sachen Tiefgang oftmals noch etwas seichter, was zwar manchmal eine abenteuerliche Aussagekraft besitzt – aber ebenfalls keinerlei Auswirkungen auf die Erfolgsaussichten haben muss: Die aus Frankfurt stammenden Hintermänner des Musik-Projektes *Snap* (»Schnappen«) hielten uns vor fast 30 Jahren zum Narren mit ihrem unverwechselbaren Nummer-eins-Titel *Rhythm is a Dancer*, der dichterisch als »Rhythmus ist ein Tänzer« sicher etwas holpriger in unserem Hörzentrum angekommen wäre. In Dieter Bohlens größtem Erfolg *You're my Heart, you're my Soul*, in dem sich *forever* ohne Zusammenhang auf *together* reimt und *grow* auf *know*, heißt es »*Let's close the door and believe my burning heart, feeling*

alright, come on open up your heart, keep the candles burning, let your body melt in mine« – übertragen ins Deutsche: »Lass uns die Türe schließen und meinem brennenden Herzen glauben. Fühle dich gut, öffne dein Herz. Lass die Kerzen brennen und deinen Körper in mir schmelzen.« Diese etwas verschrobene Dramatik passt ganz gut zu dem Feuer, das auch ansonsten in dem Lied fortlaufend lodert (*»Deep in my heart, there's a fire that's burning hard«*), und zu den Gefühlen, deretwegen Sänger Thomas Anders ständig zu sterben drohte (*»I'm dying in emotions.«*).

Das Paradebeispiel für die Irreführung unserer Ohren in der englischen Sprache aber dürfte die Gruppe *Scooter* (zu Deutsch: »Roller«) um den friesischen Sänger, Komponisten und Texterfinders Hans Peter Geerdes alias H. P. Baxxter sein. Seine Liedtitel lauteten unter anderem »Wie viel kostet der Fisch?« *(How much is the Fish?)*, »Hinter der Kuh« *(Behind the Cow)* oder »David isst nicht« *(David doesn't eat)*, aber der Bass übertönte ohne Probleme textliche Verwirrungen wie *»I spit bricks, got the kicks in the mix. My pricks long out the ricks«* aus dem Song *The Question is What is the Question?*, was so viel heißt wie: »Ich spucke Ziegelsteine, habe die Tritte in der Mischung. Meine Stachel sind eine Rüstung«. Solche Zeilen widersprachen jeglicher Logik, aber sie sind sicherlich nicht dazu da, übersetzt zu werden. Sie sollen stattdessen einfach die auditorischen Reize in unseren Gehirnen erreichen – nicht mehr. Und das gelingt, auch wenn der Text keinerlei Sinn ergibt.

Abgesehen von all dem gerade erwähnten Quatsch können wir allerdings viele inhaltliche Zusammenhänge von gerne und oft gehörten Liedern gelegentlich ebenso wenig nachvollziehen: So geht es in

Aquas scheinbar fröhlichem *Barbie Girl* aus dem Jahr 1997 vielmehr um die ständige Verfügbarkeit und sexuelle Belästigungen, denen sich die weibliche Hauptperson des Textes ausgesetzt sieht.

Bruce Springsteens *Born in the USA* wird häufig als vordergründig patriotische inoffizielle Hymne der Vereinigten Staaten empfunden, dabei kritisiert der Künstler darin sehr offen den Umgang mit den Veteranen aus dem Vietnamkrieg. Und *Bobby Brown goes down* von Frank Zappa ist mitnichten ein belangloser Gute-Laune-Reißer, sondern eine bitterböse Parabel über einen wohlhabenden Studenten, der als begehrtester Junge der Stadt gilt, bis er nach dem Geschlechtsverkehr mit einer Lesbe so traumatisiert ist, dass er fortan als Homosexueller mit Vorlieben für Sadomasochismus und Urophilie leben muss. Dass sich das Lied in Europa deutlicher besser verkauft hat als in Zappas Heimatland USA, könnte daran gelegen haben, dass man ihn und anzügliche Begriffe wie *Tower of Power* oder *golden Shower* hier nicht verstanden hat.

Dies gilt auch für eine ganze Reihe an Redewendungen, die wir ebenfalls erst in der jüngeren Vergangenheit in unseren Sprachgebrauch eingebracht haben: So verwenden wir seit einiger Zeit Floskeln, die als teilweise grammatikalisch falsche Entlehnungen aus der englischen Sprache anzusehen sind. Zum Beispiel sagen wir – Sprachforschen zufolge vermutlich seit den späten Siebzigerjahren – sehr gerne und immer selbstverständlicher »Das macht Sinn« vom englischen »*That makes sense*«, obwohl genau das im Deutschen eben keinen Sinn macht. Das ist insofern ärgerlich, weil das nicht besonders einfallsreiche Universalverbum »machen« inzwischen ohnehin in unserer Sprache überrepräsentiert ist – auf Kosten vieler anderer deutlich anschaulicherer Wörter wie »fertigen«, »herstellen«, »bewirken«, »hervorrufen« oder »ausführen«. Darüber hinaus passt »machen« nicht recht in diesen Zusammenhang: Ein Sinn kann weder »gefertigt« noch »ausgeführt« oder »hergestellt« werden. Stattdessen »ergeben« die Dinge bei uns einen Sinn.

Auch die Plattitüde, jemand »mache einen guten *Job*«, zählt in diese Kategorie. Der- oder diejenige erledigt seine Aufgaben vielleicht zu aller Zufriedenheit, unter Umständen hat er oder sie die Erwartungen an die Bewältigung dieser Aufgabe sogar übertroffen. Keinesfalls aber ist alles, was ein anderer zu leisten imstande ist, ein *Job* – der nämlich ist in seiner korrekten Übersetzung aus dem Englischen die »Arbeit«, eine »Anstellung« oder ein »Posten« und damit nicht geeignet, die vor allem aus dem US-amerikanischen Englisch stammende Phrase *to do a good job* identisch ins Deutsche zu übersetzen – wiewohl der *Job* an sich ohnehin für alle Arten von Tätigkeiten herhalten muss, obwohl wir an sich das Geleistete doch recht konkret benennen könnten.

In einem ähnlichen Kontext wurde auch die Floskel *to work hard* mit »hart arbeiten« eingedeutscht, obschon uns doch immer nachgesagt wurde, besonders »fleißig«, »eifrig«, »gewissenhaft« oder »ausdauernd« zu sein. »Hart« jedoch ist ein nicht weicher Gegenstand oder ein unbarmherziger Mensch, eine Handlung hingegen eher nicht.

Das mag auch »am Ende des Tages« noch zutreffen, einer weiteren urplötzlich irgendwann in den späten Neunzigerjahren in der deutschen Sprache aufgetauchten Begrifflichkeit, die vom englischen *at the end of the day* herrührt. Angewandt wird diese eigentlich im übertragenen Sinn und ist keineswegs auf den zeitlichen Ausklang eines bestimmten Wochentags gerichtet. »Am Ende des Tages« wirkt daher bei uns oftmals missverständlich und ließe sich auch und vor allem viel sinngemäßer durch die schönen deutschen Wörter »schließlich«, »letztlich« oder »letzten Endes« ersetzen, womit dann auch vollends klar wäre, dass es sich nicht um die Minuten oder Sekunden vor Mitternacht handelt, sondern um den in der Zukunft liegenden Abschluss einer Entwicklung. Und damit kann diese begriffliche Anleihe in unserer Sprache auch kein geflügeltes Wort sein, sondern bleibt nur eine Worthülse.

Kurios ist auch, dass wir viele Dinge nur noch »realisieren«, was streng genommen gar nicht geht. Denn das vom spätlateinischen *realis* stammende Wort steht in unserer Sprache für »ausführen«, »durchführen«, »verwirklichen« »zustande bringen« oder »in die Tat umsetzen«. Und nicht, wie das englische Verb *to realize*, für »feststellen« oder »bemerken«. Wenn wir also etwas »realisieren«, dann befinden wir uns normalerweise mitten in einem Projektprozess – und nicht in einem Erkenntnisprozess.

Zumindest »nicht wirklich«, einer weiteren sprachlichen Anleihe aus dem in diesem Falle britischen Englisch, in dem *not really* eine sehr häufig verwendete Umgehung einer klaren Verneinung darstellt. Wenn ein Gesprächspartner diese Floskel in seine Antwort einbaut, dann will er höflich sein, trotzdem aber seine Abneigung oder seinen Zweifel einer bestimmten Sache gegenüber kundtun. Bei uns allerdings kann man »eigentlich nicht« oder gleich ein direktes »Nein« verwenden. Dann bleiben zumindest keine Fragen mehr offen.

Zuletzt hat sich das alte und an sich aussagekräftige Adjektiv »tatsächlich« von einem erstaunten Ausruf im Sinne von »wahr-

haftig«, »bei Gott« oder »ohne Übertreibung« zur plumpen Nach-
ahmung des englischen Gemeinplatzes *actually* entwickelt. Und in
dieser Deutung lässt es sich »tatsächlich« problemlos mehrmals in
einen einzigen Satz einbauen, der damit »tatsächlich« bedeutsamer
klingen soll, als er »tatsächlich« gemeint war.

Auch bei Sprichwörtern müssen wir aufpassen, nicht in diese Falle zu
tappen, die allzu schnell zuschnappen kann, wenn wir Begriffe und
Satzbau des Englischen einfach auf unsere eigene Sprache anwenden und ihr damit einen Umhang verpassen, der ihr naturgemäß
nicht immer steht. Es existieren zwar einige Redewendungen, die in
beiden Sprachen gleichermaßen Gültigkeit besitzen: »*Laughter is the
best medicine*« etwa entspricht exakt der deutschen Volksweisheit
»Lachen ist die beste Medizin«, die wohl schon seit dem Mittelalter
als Fürsprache für eine positive Lebenseinstellung eingesetzt wird –
und inzwischen sogar wissenschaftlich belegt ist. »*One can't see the
wood for the trees*« bedeutet »Jemand kann den Wald vor lauter
Bäumen nicht sehen«, meint hier wie dort, das allzu Offenkundige
nicht erkennen zu können – und geht auf den schwäbischen Dichter
Christoph Martin Wieland zurück, einen der wichtigsten deutschsprachigen Schriftsteller der Aufklärung. »*Where's there's a will,
there's a way*« findet sich ohne genauere Herkunftsangabe seit 1822

in einem englischen Wörterbuch und bereits rund 30 Jahre später als »Wo ein Wille ist, da ist ein Weg« auch in der deutschen Sprache wieder. Und »*Lucky at cards, unlucky in love*« kommt unserem »Glück im Spiel, Pech in der Liebe« sehr nahe, welches seinen Ursprung vermutlich in einem lateinischen Spruch aus Tacitus' Zeiten von vor rund 2.000 Jahren hat, als in Rom das Würfelspiel erdacht wurde – und diejenigen, die zu viel Geld und Zeit für diese Beschäftigung aufwandten, des Öfteren ein Problem mit der Frau oder der Geliebten bekamen. Oder mit beiden.

Keinesfalls kann man aber das 1837 in einer hiesigen Sprichwortsammlung erstmals erwähnte »Wer rastet, der rostet« mit »*Whoever rests rustes*« übersetzen – dieser Ausspruch heißt im Englischen korrekterweise »*A rolling stone gathers no moss*«, wörtlich ins Deutsche übersetzt: »Ein rollender Stein setzt kein Moos an«, was freilich auch sehr treffend ist.

Niccolo Machiavellis »Der Zweck heiligt die Mittel« entspricht nicht »*The purpose sanctifies the ressources*«; stattdessen sagt man auf Englisch »*Dirty water will quench fire*« – »Dreckiges Wasser löscht das Feuer«. Der Satz »Auch ein blindes Huhn findet mal ein Korn« steht nicht für »*A blind chicken sometimes also finds a grain*«. Wer auf Englisch betonen möchte, dass selbst dem Unfähigsten manchmal etwas gelingen kann, spricht von »*Every dog has its day*«: »Jeder Hund hat seinen Tag.«

»Das ist nicht dein Bier!« geht nun wirklich niemanden etwas an im Falle von »*This is not your beer!*«, findet aber einen Adressaten, wenn man die schöne Redensart »*Keep your breath to cool your porridge!*« benutzt: »Behalte deine Atem, um deinen Haferbrei zu kühlen!«

»*Equal and equal likes to join themselves*« würde kein der englischen Sprache mächtige Mensch verstehen, aber »*One beetle recognizes another*« schon. Nur »Ein Käfer erkennt einen anderen« stimmt sinngemäß überein mit unserem aus der Psychoanalyse stammenden »Gleich und gleich gesellt sich gern«. Das vom lateinischen »*Aurora habet Aurum in ore*« übernommene »Morgenstund' hat Gold im Mund« heißt nicht »*Morning hour has gold in the mouth*«, wohl aber »*The early bird catches the worm*«, was als »Der frühe Vogel fängt den Wurm« ebenfalls Einzug in unseren Sprachschatz gehalten hat, um zu betonen, dass sich frühes Aufstehen geschäftlich lohnt. Und man kann zwar im Englischen nicht wie bei uns seit den unseligen Zeiten der Pest »warten, bis man schwarz wird«: »*You can wait until you are getting black*« existiert im Englischen nicht. Dafür aber »*You can wait till the cows come home*«, was sogar ein noch fantasievolleres und nicht ganz so dramatisches Bild ergibt als der Vergleich mit einer sich dunkel färbenden Leiche.

Überhaupt sind viele englische Redewendungen im Vergleich zu manch eher sachlich geflügeltem deutschen Sprichwort äußerst metaphorisch, was man etwa beim herrlichen »*You can't make a silk purse out of a sow's ear*« – wörtlich übersetzt: »Du kannst keine Seidenbörse aus einem Schweineohr machen« – feststellen kann, was unserem nüchternen »Von nichts kommt nichts« nahekommt. Oder *»The straw that breaks the camel's back«*, zu Deutsch »Der Strohhalm, der den Rücken des Kamels bricht« im Sinne von »Was zu viel ist, ist zu viel«. Und unser banales »Es ist nicht vorbei, ehe es vorbei ist.« heißt im Englischen wunderbar anschaulich *»It ain't over till the fat lady sings«*, entstanden durch die beleibte Walküre Brünnhilde, die am Ende der *Götterdämmerung* in Wagners *Ring der Nibelungen* zum finalen Solo ansetzt.

Selbstverständlich gäbe es noch zahlreiche weitere Beispiele, die sich hier anführen ließen – von dem aus der *Rolandsage* entsprungenen *»A Roland for an Oliver«*, der englischen Entsprechung von »Wie Du mir, so ich Dir« bis *»You scratch my back, I'll scratch yours«* als Gegenstück zu »Eine Hand wäscht die andere«. Aber wie heißt es doch so schön? *»In the shortness lies the spice«* Oder wie auch immer das auf Englisch lauten mag.

WHAT LITTLE HANS DOES NOT LEARN, BIG HANS LEARNS NO MORE

Welche Auswirkungen die Entwicklung auf künftige Generationen haben könnte

»*What little Hans does not learn, big Hans learns no more.*« Dieses schöne Sprichwort gibt es im Englischen übrigens so ebenfalls nicht. Wollte man damit sagen, dass das, was Hänschen nicht gelernt hat, ein älter gewordener Hans nimmermehr lernen wird, müsste man »*You can't teach an old dog new tricks*« verwenden: »Du kannst einem alten Hund keine neuen Kunststücke beibringen.« Die zugrundeliegende Problematik aber wird sowohl beim deutschen als auch beim englischen Sinnspruch gleichermaßen behandelt: Wer schon früh gelernt hat, Sprache fehlerhaft oder unzureichend zu verwenden, der dürfte später große Probleme bekommen, dies wieder zu korrigieren – selbst wenn in diesem konkreten Fall der bildhafte Vergleich mit einem Hund zugegebenermaßen ein wenig hinken dürfte.

Auch wenn der Sprachwandel schon seit jeher existierte, so unterscheidet sich die gegenwärtige Veränderung des Deutschen doch erheblich von der vergangener Epochen – weil eine Vielzahl verschiedener Einflüsse nahezu gleichzeitig oder sehr kurz aufeinanderfolgend auf unsere Sprache einströmten: die seit wenigen Jahrzehnten immer stärker zu beobachtenden grammatikalischen Unzulänglichkeiten aufgrund der neuen Kommunikationsformen, die zunehmende Vermischung mit den Sprachen anderer ethnischer Gruppen, politische Einflussnahmen wie Genderisierung oder Sprachvereinfachung – oder die manchmal über das Ziel hinausschießende Bereinigung um nicht mehr statthafte Begriffe.

Für diese Entwicklung kann die englische Sprache selbstverständlich nichts: Ein Gendersternchen in der Wortmitte, die Einbindung türkischer oder arabischer Vokabeln in den Satzbau Jugendlicher, das voranschreitende Unwissen ob des Genitivs oder die Verbannung von »Negerkuss« und »Zigeunerschnitzel« hat rein gar nichts mit der Verwendung von Anglizismen zu tun. Diese kommen jedoch in steigender Anzahl über die digitalen Medien ins Spiel. Im Bereich der gedruckten Erzeugnisse liegt der Anteil englischer Begriffe statistischen Erhebungen zufolge seit Jahren bei nur knapp über einem Prozent. Im Digitalen aber, wo sie aus den genannten Gründen spätestens im Laufe des vergangenen Jahrzehnts zur vorherrschenden

Ausdrucksform geworden sind, liegt die Quote um ein Vielfaches höher – zumindest solange das Englische nicht auch schon durch *Emojis* verdrängt wird; jene kleinen Gesichter, Zeichen und Figuren, die mittlerweile ganze Dialoge ersetzen, weil es sie für jede erdenkliche Lebenssituation gibt und sie wirklich universal einsetzbar sind, ganz ohne landestypische Idiome.

Dabei fing alles noch recht harmlos an: Vor rund 20 Jahren entstand zunächst ziemlich schnell nach der massenhaften Verbreitung der Kurznachrichten die sogenannte SMS-Sprache, die ihre Benutzer – weil damals nur 160 Zeichen pro Nachricht zur Verfügung standen – zu bisweilen durchaus kreativen Abkürzungen nötigte, wollten sie ihre Botschaft in einer SMS an den Empfänger übermitteln. Diese Kürzel wurden teils von deutschen Floskeln hergeleitet – wie »GLG« für »Ganz liebe Grüße«, »BB« für »Bis bald«, »SIW« für »Soweit ich weiß«, »HDL« für Hab' dich lieb«. Gleichzeitig entstanden aber auch jede Menge Verknappungen, die Wendungen in der englischen Sprache zum Vorbild hatten – wie *LOL* für den Ausspruch *»Laughing out loud«* (»lautes Lachen«), *WTF* für *»What the fuck«* (»Was zur Hölle«), *CUL8R* für *See you later«* (»Wir sehen uns später«), ASAP für »*As soon as possible«* (»So schnell wie möglich«), *BTW* für *»By the way«* (»Im Übrigen«), *THX* für *Thanks* (»Danke«) und viele andere mehr. Was anfangs noch ungewohnt und einfallsreich klang, verselbstständigte sich im Laufe der Jahre: Die Abkürzungen eroberten wegen ihres Erfolgs auch andere Lebensbereiche, sie begegneten uns in der Werbung oder der Popkultur. Als die Kurznachrichten dann dank der verbesserten Speichermöglichkeiten der Geräte endlich länger werden durften und somit ganz neue Mitteilungsformen und entsprechende Dienste entstanden, hatte sich die auf einzelne Buchstaben verdichtete und von Anglizismen geprägte schriftliche Verständigung bereits flächendeckend durchgesetzt.

Dazu kommt, dass die englische Sprache heute einen viel größeren Einfluss auf die Jugendsprache ausübt als früher. Jugendliche haben immer schon versucht, sich auch und gerade sprachlich von den Älteren abzugrenzen – und das ist auch wichtig und richtig. Eine wunderbare Möglichkeit, sich von seinen Eltern und von gesellschaftlichen Normen zu unterscheiden, war auch in vergangenen Generationen eine andere Sprache und die Verwendung neuer und womöglich provokanter Begriffe. War es bei der Landbevölkerung zu Beginn des 20. Jahrhunderts noch üblich, dass Kinder ihren Vater und ihre Mutter siezten oder in der dritten Person ansprachen, bildeten sich in den Städten ab diesem Zeitpunkt wesentlich lockerere Umgangsformen heraus, die sich folgerichtig auch auf Unterhaltungen auswirkten. Und so entstanden viele unserer heute gebräuchlichen Begriffe und Redewendungen deshalb, weil sie irgendwann neu, provokant und ein Stück weit aufmüpfig waren, bevor sie selbstverständlich wurden. »Backfisch« und »steiler Zahn«, »anschwirren« und »aufreißen«, »Tanzschuppen« und »Disse«, »famos« und »dufte«, »astrein« und »verschärft«, »super« und »geil«, »in der Baumschule groß geworden« und »einen an der Waffel haben«, »am Rad drehen« und »einen Föhn kriegen« – diese und viele andere Ausdrücke haben das Deutsche geprägt, beeinflusst und immer wieder auch bereichert, weil es dadurch moderner wurde und lebensnäher. Dabei fällt auf, dass die englische Sprache bis in die Neunzigerjahre hinein kaum eine Rolle in der Jugendsprache spielte; von vereinzelten Ausnahmen wie *abhotten*, *cool*, *in* oder *hip* mal abgesehen.

Auch hier macht sich jetzt immer stärker die grundlegend veränderte Mediennutzung der letzten 20 Jahre bemerkbar: Waren es bis in die Achtzigerjahre neben den neuartigen Modestilen nur einzelne Filme und Versatzstücke aus der Popmusik, die auch sprachlich für die entsprechende Generation Vorbildcharakter hatten, werden junge Menschen mittlerweile durch die weltweite Vernetzung flächendeckend mit dem übergroßen Einfluss der angloamerikanischen Medienkultur konfrontiert. Abgesehen von englisch dominierten Bereichen wie Werbung, Musik und Computerspiele stammen fast 70 Prozent der in deutschen Kinos gezeigten Produktionen aus dem Ausland und kommen mit internationalen Titeln, die längst nicht mehr ins Deutsche übertragen werden, zu uns – einhergehend mit der entsprechend einsprachigen Vermarktung. Fernsehinhalte werden von Privatsendern vorwiegend aus den USA zugekauft oder zumindest als identisches Format übernommen, und moderne Unterhaltungsdienstleister wie Netflix oder Amazon Prime tun ihr Übriges, um uns an den neuen amerikanischen *Way of Life* des 21. Jahrhunderts heranzuführen. Dass das auch sprachlich nicht ohne Folgen bleiben kann, ist klar – *netflixen* als Hybridanglizismus, also als Anglizismus mit einer deutschen Endung, ist sogar schon zum geflügelten Wort geworden, so wie zuvor schon *googeln*, *spoilern* (von *to spoil*, »verderben« oder »zerstören« für die Vorwegnahme des Inhalts eines Buchs, einer Serie oder eines Films), *voten, tindern, cruisen, dancen*

oder *hunten* (von *to hunt* – »dem anderen Geschlecht hinterher-
jagen«).

Weitere erst in der jüngeren Vergangenheit aus dem Englischen
importierte Jugendausdrücke sind zum Beispiel *nice* (»nett«) für
alle denkbaren Formen der Zustimmung; das Adjektiv *swag* (vom
amerikanischen *to swagger,* Deutsch: »prahlen«), das bei uns auch
als Substantiv für einen übertrieben lässigen Zeitgenossen stehen
kann; die vor einiger Zeit sogar zum Jugendwort des Jahres gekürte
Mischform »*fly* sein«, die anstelle von »gute Laune haben« eingesetzt wird; *flashen* oder »*geflasht* sein« für »beeindruckend« oder
»beeindruckt«; *nope* (*not on planet earth,* »niemals auf der Erde«)
als absolute Verneinung; *Pimp* (vom englischen Wort für »Zuhälter«)
für einen »Aufschneider«; *Fame* für »berühmt« oder *Fail* beziehungsweise *epic Fail* als Synonyme für einen fehlerhaften Zustand. Und
spätestens seit dem Erfolg des Spielfilms *The Big Lebowski* ersetzte
der dort sehr häufig benutzte Begriff *Dude* unseren guten alten
»Kumpel«, um seinerseits wenige Jahre später aufgrund der inflatio-
nären Verwendung auch in der deutschen Fassung der US-Fernseh-
serie *How I met your Mother* wiederum von *Bro*, der Abkürzung für
Brother, abgelöst zu werden.

Im Vergleich zu jungen Menschen aus anderen Ländern scheinen die
14- bis 30-Jährigen hierzulande eine besonders stark ausgeprägte
Neigung zu Verflechtung ihrer Muttersprache mit dem Englischen zu
haben. Bei französischen und italienischen, aber auch bei österreichischen Jugendlichen hingegen ist im Gegensatz dazu in den letzten
Jahren eine stärkere Besinnung auf die eigenen Wurzeln und damit
auch auf die eigene Sprache festzustellen – obwohl es natürlich

auch dort dieselbe englischsprachige Musik, dieselben amerikanischen Kinofilme und TV-Serien oder dieselben sozialen Netzwerke und Blogs gibt. Vielleicht liegt auch dieses Phänomen noch am bis jetzt nachhallenden Befreiungsgefühl der Nachkriegszeit, das aus den allzu bekannten historischen Gründen in unseren Nachbarstaaten unbestritten weitaus weniger ausgeprägt sein konnte. Vielleicht aber haben wir ja auch nur ein gutes Deutsch so lange vernachlässigt, dass es auf manche im Zeitalter der rasanten Internationalisierung aufgewachsenen Jugendlichen nur eher langweilig und bieder wirkt – und dadurch zu wenig weltläufig und *out*. Aber abschließend untersucht worden ist das noch nicht.

Dennoch droht uns, dies soll an dieser Stelle ebenfalls gesagt sein, durch die quantitativ sicher weiterhin zunehmende Verwendung solcher Anglizismen wahrscheinlich nicht der Verfall der deutschen Sprache, auch wenn es manchmal beim unfreiwilligen Mithören manch eines Gesprächs zwischen Schülern, Studenten, Medienschaffenden oder Agenturmitarbeitern so wirken mag. Die Herkunft all der dort verwendeten Wörter jedoch dürfte den meisten Anwendern ziemlich egal sein – sie werden nicht deshalb gesprochen, weil es sich um englische Begriffe handelt, sondern weil sie gerade in den Kontext passen. Außerdem benutzen viele junge Menschen derlei Vokabeln intuitiv und vergessen sie genauso schnell wieder, wie sie in ihren Wortschatz gelangt sind. Die Vergänglichkeit solcher Begriffe lässt sich anhand des Modewortes *Yolo,* dem Akronym für »*You only live once*« – »Man lebt nur einmal« – skizzieren, das vor wenigen Jahren als Beschreibung für einen bewusst hedonistischen Lebensstil aufkam, im Anschluss als Aufdruck auf zahllosen Kleidungsstücken zu sehen war und es sogar zu einem gleichnamigen Film sowie einem Buchtitel brachte. Und heute kaum noch verwendet wird.

Manche Sprachforscher beruhigen deshalb: alles halb so schlimm! Zwar haben sich die Anglizismen innerhalb der vergangenen hundert Jahre verzehnfacht, während der Gesamtwortschatz des Deutschen nur um ein gutes Drittel angewachsen sei. Aber von einer Verwässerung oder Verwahrlosung des Deutschen könne nicht die Rede sein. Zu stark und zu präsent sei unsere Sprache im Bewusstsein ihrer Sprecher verankert und zu gering letztlich der objektive, weil messbare Einfluss solcher Strömungen. Das mag sogar stimmen. Denn egal, wie viele englische Begriffe wir noch übernehmen und wie viele Scheinanglizismen wir erfinden – wirklich gefährlich werden können sie der deutschen Sprache nicht, selbst wenn wir in Zukunft noch ein paar Hundert weitere Wörter einbüßen, deren Verwendung in Vergessenheit gerät.

Eine vollständige Entwarnung in Bezug auf unsere Sprache kann aber trotzdem nicht gegeben werden. Zu viel hat sie in zu kurzer Zeit über sich ergehen lassen müssen: die Einführung der *E-Mail*, die der wunderbaren, weil viel persönlicheren Mitteilungsform des Briefes weitgehend den Garaus gemacht und zu einer grammatikalischen Anarchie in unseren Korrespondenzen geführt hat, welche sich womöglich nie mehr rückgängig machen lässt. Die Rechtschreibreform und ihre nachfolgenden Verschlimmbesserungen, die ein Durcheinander an sich widersprechenden Vorschriften nach sich zog, von denen nicht einmal Fachkräfte wissen, wie sie anzuwenden sind. Den mangelnden Respekt, den wir der deutschen Sprache und damit unseren Mitmenschen entgegenbringen, wenn wir ohne nachzudenken und unter dem Deckmantel der Anonymität Beschimpfungen, Beleidigungen und Bedrohungen im *Internet* ausstoßen. Die vielerorts so mühsame und oft aus verschiedensten Gründen zum Scheitern verurteilte Integration der Menschen, die des Deutschen nicht mächtig sind und die doch nur über Sprache einen Zugang zu unserer Gesellschaft und damit zu einem friedvollen Miteinander finden können. Und nicht zuletzt eben auch die manchmal etwas übertriebene Anbiederung an das Englische, die es sonst in kaum einer anderen ähnlich bedeutenden Sprache gibt. Zudem besteht die Gefahr, dass viele ältere Menschen abgekoppelt werden vom Sprachwandel und damit ein Stück weit auch vom Sprachverständnis, weil sie nicht mehr alles nachvollziehen können, was gesprochen und geschrieben wird, und sie nicht mehr mithalten können mit der Geschwindigkeit, in der das passiert.

Klar ist aber auch: Ohne äußere Einflüsse hat unsere Sprache nie funktioniert und funktioniert sie jetzt erst recht nicht mehr. »Die Gewalt einer Sprache ist nicht, dass sie das Fremde abweist, sondern dass sie es verschlingt«, wusste schon Johann Wolfgang von Goethe – und verwendete doch selbst ein Deutsch, das reiner und perfekter schien als alles, was bis dahin in Deutschland verfasst worden war.

Davon freilich sind wir weiter entfernt denn je, was aber ebenfalls nicht weiter dramatisch ist. Niemand muss ein Sprachniveau besitzen wie ein Schriftsteller, und wenn in den Deutschstunden der Schulen zunächst die elementaren Kenntnisse gelehrt werden müssen, bevor *Faust* und *Iphigenie auf Tauris* gelesen werden – wenn es dazu überhaupt noch kommt –, dann ist das auch in Ordnung. Wichtig ist nur, dass die gesellschaftliche Funktion einer Sprache nicht zum Erliegen kommt. Denn sie ist es, die ein Land und seine Identität zusammenhält.

Deutsch ist – und bleibt vermutlich auch – eine kraftvolle Sprache, selbst wenn es zuletzt ein wenig aus der Mode gekommen zu sein scheint, was etwa auch an den schwindenden Zahlen der Deutschlernenden an den Goethe-Instituten abgelesen werden kann. Doch diese Prozesse können sich auch schnell wieder umkehren. So wie deutsche Kultur und deutsche Erzeugnisse derzeit in Asien einen enormen Aufschwung erfahren, kann sich diese Entwicklung in vielleicht fünf, zehn oder 20 Jahren auch auf unsere Sprache erstrecken.

Es schadet dennoch nichts, sich ein wenig zu sorgen um die Verständigung der künftigen Generationen – die nie selbst zum Füllfederhalter gegriffen und ihre Gefühle für einen anderen auf zwei oder drei Seiten Briefpapier niedergelegt und darin ihr Innerstes offenbart haben; unabhängig davon, ob sie sie dann abgeschickt haben oder nicht. In absehbarer Zeit werden die heutigen Jungen und Mädchen ihrerseits Kinder großziehen, die in der Grundschule ihr erstes *Smartphone* erhalten werden, mit ihren Freunden ausschließlich per Whats-App-Gruppe oder einem anderen *Messenger*-Dienst kommunizieren, die Hausaufgaben auf einem *Tablet* erledigen und Unterhaltung nur noch *streamen*. Wie wird es dann um unsere Sprache bestellt sein, wenn außerdem das gedruckte Wort mehr und mehr zu verschwinden droht, weil der Informationsaustausch nur mehr *online* stattfindet und in der Folge weitere Zeitungsredaktionen stillgelegt und Bücher allenfalls von älteren Generationen gelesen werden?

Möglicherweise wird die künftige Kommunikation also noch stärker digitalisiert werden, als wir uns das derzeit vorstellen können – und Hilfsmittel wie Alexa, Cortana oder Siri oder deren Nachfolgesysteme nehmen uns weitere Aufgaben ab, während sie gleichzeitig immer mehr über uns erfahren. Unsere Telefone, Autos, Fernseher und einige Haushaltsgeräte vermögen bereits jetzt mit uns zu »sprechen«, doch eines Tages werden die Dinge auch untereinander korrespondieren. Wir selbst, die wir ohnehin bereits übererreichbar sind, bündeln all unsere Informationen vermutlich auf einem einzigen Gerät, das wir vielleicht sogar irgendwo an oder gar in unserem Körper tragen. E-Mail-Programme werden selbstständiger und verfassen E-Mails von alleine, anhand von Algorithmen oder gar durch die Kraft unserer Gedanken. Und in sozialen Netzwerken der Zukunft tummeln sich unsere *Avatare* – digitale Ebenbilder, die uns perfekt imitieren.

Dies geschieht, das soll am Ende gesagt sein, möglicherweise ganz unabhängig vom Einfluss der englischen Sprache. Der droht manchmal bloß noch sein Übriges zu leisten, wenn wir ihn allzu gedankenlos gewähren lassen. Dies alles allerdings stellt nur den *worst Case* einer kommenden Entwicklung dar.

Nur zur Sicherheit: Das wäre dann der schlimmste Fall. Und nicht der »Wurstkasten«.

DIE 7 SCHÖNSTEN ANGLIZISMEN

1 **Shitstorm:** Einfach unerreicht! Die bei uns erst seit knapp einem Jahrzehnt existente Umschreibung für das, was sich im *Internet* zusammenbrauen kann, wenn viele Menschen mit der Meinung eines Einzelnen nicht einverstanden sind. Zuvor bezeichnete der Begriff im Englischen einfach eine sehr unangenehme Situation. Eine deutsche Übersetzung ist kaum möglich, und der »Sturm im Wasserglas« zeichnet nicht wirklich das treffende Bild für dieses fragwürdige Phänomen des digitalen Zeitalters. Der *Shitstorm* mit inzwischen 3,4 Millionen Ergebnissen alleine bei Google füllt leider eine echte deutsche Wortschatzlücke.

2 **Training:** Was würden wir nur stattdessen verwenden? Wir *trainieren* auf körperliche Höchstleistungen hin, am Spielfeldrand einer jeden Sportart stehen *Trainer* und *Co-Trainer*, es gibt Zirkel*trainings*, *Training*sgeräte und *Training*sprinzipien, und sogar der *Training*sanzug ist – je nach sozialer Zugehörigkeit – zu einem weithin anerkannten Kleidungsstück geworden. Dabei handelt es sich dem Wortsinn nach beim *Training* doch eigentlich nur um eine »Ausbildung«. Aber wer würde schon nach einer Niederlagenserie im Fußballstadion rufen: »Ausbilder raus?«

3 **Megastar:** Gibt es etwas, was den Status eines äußerst bekannten Zeitgenossen noch »superlativer« beschreiben könnte? Ein *Megastar* klingt nach unendlichem Erfolg, maßlosem Reichtum und einem Leben, das mit dem kümmerlichen Dasein von uns Normalsterblichen nicht das Geringste mehr zu tun hat. Und so übernahmen wir, zumindest umgangssprachlich, spätestens seit dem Auftreten von Michael Jackson nur zu gerne ein Wort, das man für Weltberühmtheiten wie George Clooney, Jennifer Lopez oder Cristiano Ronaldo wohl einfach nicht passend ins Deutsche übersetzen kann.

Grill: Wir Deutschen sind anerkanntermaßen *Grill*-Weltmeister, zumindest wird dem *Grillen* in Kleingärten, auf Balkonen, Terrassen und in Grünanlagen in keinem anderen Land der Erde mehr Bedeutung beigemessen als bei uns. Und diese offenbar angeborene Begeisterung für die Zubereitung von Fleisch, Fisch und neuerdings auch allerhand anderer Lebensmittel über offenem Feuer ist seit den Sechzigerjahren eine derart typische Eigenheit geworden, dass uns dieser Anglizismus gar nicht mehr auffällt. Aber vielleicht liegt es auch daran, dass sich der englische Begriff wahrscheinlich selbst vom altfranzösischen Wort *Greille* ableitet, was einst ein »Gitter« bezeichnet hat. Ist also gar nicht so anglizistisch, das Ganze.

Picknick: Leider ist, im Gegensatz zum *Grillen*, das *Picknick* in den letzten Jahren ein wenig aus der Mode gekommen – ein schönes Wort bleibt die Umschreibung für eine gemeinsame Mahlzeit im Freien trotzdem. Früher aber war das *Picknick* ein Fest: Die entsprechenden Speisen und Getränke transportierte man in einem *Picknick*-korb, und wenn man dann irgendwo ein nettes Plätzchen gefunden hatte, breitete man die *Picknick*decke aus und setzte sich drauf; im Idealfall nicht alleine, sondern mit einem oder mehreren netten Menschen. Woher der Begriff genau stammt, ist unklar. Sicher ist nur, dass sich der im ländlichen England am Wochenende übliche Brauch im Laufe des 19. Jahrhunderts auch bei uns durchgesetzt hat.

6 **Flop:** Ein teurer Film, den viel zu wenige Leute sehen wollen, das neue Lied eines Künstlers, das keiner hören mag – oder ein Buch, das wie Blei in den Regalen der Händler liegt: All das sind wahrhafte *Flops*. Dieser englische Begriff umschreibt ein krachendes Scheitern doch deutlich freundlicher als der deutsche »Misserfolg« oder »Reinfall«, wie die gängigsten Übersetzungen lauten. Einen *Flop* kann man sich erlauben, eine »Niederlage« oder einen »Fehlschlag« eher weniger. Deshalb darf im Deutschen ruhig mal etwas *floppen*. Dass das Wort im Englischen auch für den »Durchfall« benutzt wird, lassen wir deshalb mal außer Acht.

7 **Test:** Ein *Test* ist ein *Test*. Oder wie würden Sie es nennen, wenn man erst einmal etwas vorsichtshalber ausprobiert, bevor man damit Ernst macht? Es gibt Fahr*tests* für neue Autos, Produkt*tests* vor der Markteinführung, *Test*läufe und allerhand *Testungen* mehr – und mit der Stiftung Warentest existiert sogar eine urdeutsche Einrichtung, die diesen Anglizismus in ihrem Namen führt. Einen größeren Ritterschlag für ein fremdes Wort kann es wohl kaum geben. Und so ist unsere Sprache voller *Tests*, die es sogar in die Schule geschafft haben, wo sie Generationen von Schülern vor allem in unangekündigter Form auf die Nerven fallen. Ach so: Eigentlich bedeutet *to test* »prüfen«.

AFTERWORD

Doch wie können wir den genannten Einflüssen von außen denn nun konkret entgegentreten: mit gesetzlichen Verboten, einer Muttersprachen-Quote für Radiosender und Werbetreibende, einer Aufnahme der deutschen Sprache als schützenswertes Gut in unser Grundgesetz? Wahrscheinlich würde all dies nichts bringen. Aber sollten wir deshalb die Anglizismen einfach gewähren lassen und darauf vertrauen, dass sich alles eines Tages wieder einpendeln wird, dass sich also im besten Falle der *Workshop* irgendwann zum »Kurs« zurückverwandelt, der *Sneaker* zum »Turnschuh« und die *Location* zum »Ort«? Nun, vermutlich wird das nicht passieren.

Was uns jedoch bleibt, ist, den steten Sprachwandel als Teil unserer Kultur zu akzeptieren – und uns darauf zu besinnen, wie schön unsere Sprache doch eigentlich ist. Immerhin ist es die Sprache, in der die meisten von uns träumen. Die Sprache der Gutenachtgeschichten, die uns unsere Eltern vorlasen. Die Sprache, mit der einige der größten Dichter der Literaturgeschichte arbeiteten, und die Sprache, in der es ein paar Dutzend verschiedene Begriffe für den Zustand gibt, betrunken zu sein, von »blau« über »hacke« bis »sternhagelvoll«.

Sie kennt die Wörter »Gänseblümchen«, »Feierabend«, »Arschgeige« und »Sollbruchstelle«. Sie hat – je nach Zählweise – bis zu 140 verschiedene Dialekte. Sie ist in ihren Ausdrücken oft sehr präzise, wie schon Kurt Tucholsky wusste, der sagte: »Denn wer die Sprache beherrscht, wird einen Schimmel beschreiben und dabei doch das Wort ›weiß‹ vermeiden können.« Sie scheint neugierig zu machen, denn sie verfügt über eine Vielzahl an Fragewörtern (»Wieso?«, »Weshalb?«, »Warum?«, »Wofür?«, »Wozu?«, ...), während der Engländer sich stets mit dem kümmerlichen *»Why?«* behelfen muss. Sie bringt es fertig, dass »umfahren« das Gegenteil von »umfahren« sein kann. Wir können uns im Deutschen »langsam beeilen« und »schnell warten«, wohnen in »Doppelhaushälften« und kennen »Wahlpflichtfächer«. Und nur bei uns können Veganer sogar »eingefleischt« sein. Das ist doch alles wunderbar!

Insofern sollten wir unsere Sprache ganz unabhängig von englischen Begriffen und Kunstwörtern, von in Mode gekommenen Floskeln und aufschneiderischen Formeln einfach nur ein bisschen sorgsamer hegen und pflegen. Und uns gewahr werden, wie einzigartig sie im Grunde genommen ist. Dann kann ihr auch in Zukunft kein noch so missgünstiger *Hater* etwas anhaben.

(DIE MAN NICHT ÜBERSETZEN KANN)

Dreikäsehoch: Einen *Three-cheese-high* sucht man im Englischen natürlich vergeblich; dort findet man als Entsprechung allenfalls den *Half-pint* – also den »Halben« (im Sinne eines im Vergleich zum Normalmaß halb so großen Bieres). Bei uns jedoch existiert diese wunderschöne Beschreibung eines sehr kleinen Kindes seit dem frühen 18. Jahrhundert; zumindest tauchte um diese Zeit der »Dreikäsehoch« erstmals in der Umgangssprache auf. Der Urheber des Wortes ist leider unbekannt, aber sein Gedanke, eine ungefähre Größenangabe anhand dreier aufeinandergestapelter Laibe Käse zu veranschaulichen, ist warmherzig, witzig – und einzigartig.

Baumkrone: Wir Deutschen hegen seit jeher eine besonders innige Beziehung zu unseren Bäumen. Wir widmeten ihnen zahllose Lieder und Erzählungen, und unsere großen zusammenhängenden Waldgebiete wie der Schwarzwald, der Taunus oder der Spessart durchzieht geradezu eine mystische Aura, die zu allerlei Sagen inspirierte. Kein Wunder, dass wir unsere Nationalpflanze eines Tages sprachlich in den Stand von Königen erhoben haben – und ihr folgerichtig eine »Baumkrone« aufsetzten. Im Englischen findet man hoch oben auf Eiche, Ahorn oder Buche nur ein *Treetop* – das englische Wort für die im Vergleich zur Krone eher banale Baumspitze. Lautmalerisch übersetzt reicht das im Deutschen nur für den Markennamen eines süßen Getränkesirups.

3 **Heimweh:** Zugegeben, die englische Sprache kennt einen ähnlichen Begriff: *Homesickness* heißt es da, wenn jemand eine Sehnsucht nach Zuhause verspürt. Doch die »Übelkeit«, die dort im zweiten Wortteil steckt, beschreibt den sonderbaren Schmerz, den wir immer dann verspüren, wenn wir fern von daheim in den Sternenhimmel blicken und an Freunde und Familie denken, die dortgeblieben sind, wo wir gerade gerne wären, nicht im Ansatz genau genug. Das »Heimweh« indes trifft diesen Zustand viel besser – selbst wenn wir es wohl dem Schweizerdeutsch zu verdanken haben, in dem es im 17. Jahrhundert erstmals als medizinischer Begriff aufgetaucht ist. Erst durch das Zeitalter der Romantik knapp 200 Jahre später wurde es zum vielleicht deutschesten aller Gefühle und ist seitdem Motiv unzähliger meist trauriger Bücher, Musikstücke oder Gemälde.

4 **Frohnatur:** Kein Engländer, Amerikaner oder Australier wüsste etwas mit einer *happy Nature* anzufangen. Unsere Sprache aber verfügte ja glücklicherweise über ihren Universalgelehrten, der neben allerlei anspruchsvoller Literatur auch immer wieder eher leichte Verse erdachte. Und so heißt es in Johann Wolfgang von Goethes bekanntem Gedicht zum Thema Eltern: »Vom Vater hab' ich die Statur / des Lebens ernstes Führen. Vom Mütterchen die ›Frohnatur‹ / Und Lust zu fabulieren.« Man kann Catharina Elisabeth Goethe nur danken, dass sie ihrem Sohn offenbar ihr großes Talent vererbt hat, sonst wäre das Deutsche nicht nur um dieses herrliche Wort ärmer, das eben von Herrn Goethe erfunden wurde und seitdem für einen unbeschwerten und unvoreingenommenen Zeitgenossen steht.

Habseligkeiten: Von Sprachwissenschaftlern einst aus mehr als 22.000 Vorschlägen zum »schönsten deutschen Wort« aller Zeiten gekürt, verbinden die »Habseligkeiten« mehrere an sich vollkommen unscheinbare Begriffe zu einem neuen Ausdruck, der dadurch einen tieferen Sinn erfährt. »Habseligkeiten« sind nicht einfach nur *Belongings* – »Besitztümer« –, wie man das Wort womöglich ins Englische übertragen würde. Sie entsprechen vielmehr der Menge dessen, was an persönlichen Dingen übrig geblieben ist, wenn ein Mensch in eine Notlage geraten ist; kümmerlich im materiellen Wert zwar, aber eben doch von großer Bedeutung für den Betreffenden. Auch wenn der Wortursprung vielleicht eher im altdeutschen Wort »Habsal« liegen könnte, das einfach nur das Eigentum an sich meinte, ist der Ausdruck doch zu schön, um ihn nicht zu erwähnen – und als *Haveblissfulness* nicht zu gebrauchen.

Kummerspeck: Auch wenn der Anlass für diese ganz besondere Form des Übergewichts logischerweise kein besonders schöner war – »Kummer« entstammt dem mittelhochdeutschen »Kumber«, das zunächst für die »Verhaftung«, später aber auch für eine große seelische Belastung verwendet wurde –, ist der Begriff als solcher einfach großartig: Schon beim ersten Hören vermag sich wohl jeder die trostlose Situation vorzustellen, dass ein zutiefst bedrückter Mensch seinen Gram so lange in sich hineinfuttert, bis er »Kummerspeck« angesetzt hat. *Grief Bacon* ergibt im Englischen keinerlei Sinn, *Worry Weight* auch nicht – dort kennt man allenfalls Umschreibungen des häufig beim »Liebeskummer« (einem fast ebenso schönen und schützenswerten deutschen Wort) anzutreffenden Phänomens.

7   **Schnapsidee:** So ein Wort konnten sich wahrscheinlich nur die trinkfreudigen Deutschen ausdenken. Schon unser »Schnaps« (der es versehen mit einem zweiten »p« und anstelle des langweiligen *Liquor* sogar ins amerikanische Englisch geschafft hat) bildet eine recht liebevolle Umschreibung für nicht immer gesunde hochprozentige Branntweinerzeugnisse: Er beruht auf dem niederdeutschen Wörtchen »Snapp«, das sich lediglich auf die geringe Menge eines solchen Getränks bezog und am ehesten mit »kleiner Schluck« übersetzt werden kann. Aber im Zusammenspiel mit einem vermeintlich guten Einfall, der sinngemäß durch vorherigen Alkoholgenuss zu einem ziemlichen Quatsch wird, entstand ein Ausdruck, den man im Englischen vergeblich sucht. Obwohl – nüchterne und betrunkene – englischsprachige Menschen sicher auch jede Menge »Schnapsideen« hervorbringen, können diese jedoch als *crazy Ideas* mit unserem schönen Wort nie und nimmer mithalten.

ANGLIZISMEN

Bei der Erstellung dieses Buches lag es nahe, eine möglichst umfangreiche – ja, vielleicht sogar eine vollständige – Auflistung aller Anglizismen anzufügen, die es im Laufe der Zeit in unseren Sprachgebrauch geschafft haben – von der *Action* über den *Gully* bis zum *Zoom*. Allein, es stellte sich schnell heraus, dass es diese Liste gar nicht geben kann. Die 5.000 entsprechenden Begriffe, die von Sprachforschern als mehr oder weniger offizielle Anzahl genannt werden, können nämlich nur eine grobe Schätzung sein: Zu rasant verändert sich vor allem aufgrund der Einflüsse durch soziale Netzwerke oder globalisierte Unterhaltungsarten vor allem die Jugendsprache. Auf diese Weise und durch andere weltweit verfügbare Informationskanäle und natürlich auch die heute so internationalen wirtschaftlichen Verbindungen entleihen wir uns Wörter, die zuvor im Deutschen gänzlich unbekannt waren. Insofern haben wir schlichtweg eine Auswahl an Wörtern aufgelistet, die der *Duden* bereits als solche mit englischen Wurzeln ausgemacht hat. Und vielleicht geht es Ihnen genauso wie uns: Gelegentlich staunten wir, was da alles darunterfällt. Und bei anderen Ausdrücken haben wir uns geschworen, sie künftig wieder durch ihre deutsche Entsprechung zu ersetzen. Es ist ganz schön *heavy*. Aber *it goes*!

A

abchecken
abgefuckt
ablosen
abturnen
Account
Acid
Act
Action
Actionfilm
Action-Painting
Adapter
Adblocker
adden
Add-on
Administrator
Advantage
Advertising
Adware
Aerobic
Afrolook
Aftersales
Aftershave
After-Show-Party
After-Work-Party
Agreement
Aids
Airbag
Airbnb
Airboard
Airbrush
Airbus
Aircondition
Airline
Airplay
Airport
aka
Ale
Alert
Alias
Alien

Alkopop
all-inclusive
Allrounder
All-Star-Band
Amendement
American Football
Amish
Amnesty International
Analyzer
ANC
Anchorman
Anchorwoman
andocken
Animation
Animator
Anime
anteasen
Anti-Aging
Antidumpinggesetz
Antifouling
Antivirensoftware
antörnen
Apartment
App
Appeal
Appeasement
Appetizer
Applikation
Approach
Aquajogging
Aquaplaning
Arrival
Artdirector
asap
Assembler
Assessment-Center
Asset
Asset-Management
Associated Press
Attachment
Audiobook
Audioguide

Audiostream
Audit
auditieren
Auditing
aufstylen
auschecken
ausflippen
ausknocken
ausloggen
auspowern
Aussie
Australian Open
austricksen
Autocross
Autostopp
Award

B

B2B
B2C
Baby
Babyblues
Babyboom
Babyfon
babysitten
Babysitter
Bachelor
Backgammon
Background
Backlist
Backloading
Backoffice
Backpacker
Backslash
Backstage
Back-up
Bacon
Bad Bank
Badminton
Bagel
Baggy Pants
Band

Bandleader
Bar
Barbecue
Barbie-Puppe
Barcode
Barkeeper
Barmixer
Barrister
Baseball
Bashing
BASIC
Basics
Basketball
Beachparty
Beachvolleyball
Beagle
beamen
Beamer
Beat
Beatgeneration
Beatle
Beatnik
Beautycase
Beautyfarm
Beefeater
Beefsteak
Beeper
Benchmark
Besetzungscouch
Best Ager
Best-of
Best Practice
Bestseller
BIC
Big Band
Big Bang
Big Ben
Big Brother
Big Business
Big Data
Big Point
biken

Biker

Binge-Drinking

Binge-Watching

Biopic

Bit

Bitcoin

Bitter Lemon

Blackbox

Black Friday

Blackjack

Black Metal

Blackout

Black Power

bladen

Blank

Blazer

Bleaching

Blend

Blind Date

Blister

Blizzard

Blockbuster

Blog

bloggen

Blogger

Blowjob

Blow-up

Bluebox

Bluechip

Bluejeans

Blues

Bluetooth

Bluff

Blu-Ray

B-Movie

BMX-Rad

boarden

Boatpeople

Bob

Bobtail

Body

Bodybuilder

Bodybuilding

Bodycam

Bodycheck

Bodyguard

Bodylotion

Body-Mass-Index

Bodypainting

Bodyscreening

Bodystocking

Bond

Bonus

Bonustrack

Boogie-Woogie

Booklet

Bookmark

Book-on-Demand

Boom

boomen

Booster

Bootcamp

booten

Bootlegger

Bootloader

Bordcase

Borderlinesyndrom

Boss

Bot

Botnet

bouldern

Bourbon

Bowle

bowlen

Bowling

Box

boxen

Boxer

Boxermotor

Boxershorts

Boxspringbett

Boy

Boyband

Boyfriend

Boyfriendjeans

Boygroup

Boykott

boykottieren

Boyscout

Braindrain

Brainstorming

Brand

branden

Branding

Breakdance

Break-even

Brexit

Bridge

briefen

Briefing

Brigg

Briggs

Broadway

Broker

Brownie

Browser

Brunch

Budget

Bug

Buggy

Bulldozer

Bullshit

Bully

Bumerang

Bungalow

Bungee-Jumping

Bunker

Bunny

Burger

Burner

Burn-out

Business

Business-to-Business

busy

Butler

Butterfly

Button

Buy-out

Buzzer

bye-bye

Byte

C

Cab

Cache

cachen

Caddy

Callboy

Callcenter

Callgirl

Call-in

Camcorder

campen

Camper

Camping

Campus

canceln

Candle-Light-Dinner

Canvas

Canyon

Cap

Cape

Captain

Caravan

Cardigan

Carepaket

Cargo

Carjacking

Carloft

Carport

Carsharing

Cartoon

carven

Carver

Carving

Cash

Cashcow

Cashflow

Cashmere	Cheeseburger	coachen	Copyright
casten	Chemtrail	Coaching	Copyshop
Casting	Chickenwing	Cockpit	Cord
Castor	Chief	Cocktail	Core
catchen	chillen	Cocooning	Corned Beef
Catcher	chillig	Code	Cornflakes
Caterer	Chill-out-Room	codieren	Coroner
Catering	Chinatown	Coffeeshop	Corporate Identity
Catwalk	Chip	Coldcream	Coshopping
CD-Player	Chipkarte	College	Cosplay
CD-R	Chippendale	Combo	Cottage
CD-ROM	Choke	Comeback	Cotton
CD-RW	Chorus	Comedian	Couch
Celebrity	Christopher Street Day	Comedy	Couch-Potato
Cent	Chutney	Comic	Couchsurfing
Center	Cinchstecker	Coming-of-Age-Film	Count
Centre-Court	City	Coming-out	Countdown
Chairman	Citybike	Commitment	Counter
Chairwoman	Citylight	committen	Counterpart
Challenge	Claim	Common Sense	Countrymusic
Champ	Clan	Community	County
Champion	Clash	Compact Disc	Court
Champions League	clean	Compliance	Cover
Chancellor	Clearing	Composer	Coverband
Change	Clerk	Computer	Covergirl
Channel	clever	Concept-Art	Coversong
Charity	Clickworker	Conditioner	Coverstory
chartern	Clickworkerin	Connection	Cowboy
Charts	Clinch	Consultant	Cowgirl
Chat	clinchen	Consulting	Co-Working-Space
Chatgroup	Clip	Container	Crack
Chatline	Clipart	Containerterminal	cracken
Chatroom	Clipping	Content	Craftbeer
chatten	Close-up	Contest	Crash
checken	Cloud	Controller	Crashkid
Check-in	Cloud-Computing	Controlling	crawlen
Checkliste	Clown	Cookie	crazy
Check-out	Club	cool	Cream
Checkpoint	Clubbing	Cool Jazz	Creek
Check-up	Cluster	Coolpack	Crew
Cheerleader	Clutch	Cop	cross
cheers	Coach	Co-Pilot	Cross-Country

Crossdressing
Crossmedia
Cross-over
Crosstrainer
Crowdfunding
Crowdsourcing
Crowdtesting
Cruise-Missile
cruisen
Cruiser
Crystal Meth
Cup
Cupcake
Curling
Cursor
Customizing
Cutaway
cutten
Cutter
Cybercrime
Cybermobbing
Cyberspace
Cyberstalking
Cyborg

D

Daddy
Daily
Daily Soap
Dancefloor
Dandy
Darknet
Darkroom
Darling
Darts
Dashboard
Dashcam
Data-Mining
Date
Datenhighway
Dating-App
Dazzler

Deadline
Deal
Deathmetal
Decoder
Default
Delete
Demotape
Deospray
Department
Departure
Design
Designerdroge
Designerfood
Designer-Outlet
Desinvestment
Desktop
Desktop-Publishing
Detektiv
Detektor
Digit
digital
digitalisieren
Digital Native
dimmen
Dimmer
Diningroom
Dinner
dippen
Direct Mailing
Director's Cut
Disc
Discjockey
Disco
Discount
Discovery
Disk
Diskette
Dispatcher
Displaced Person
Display
dissen
Distribution

Distributor
Distrikt
DJ
DJane
Dock
docken
Dockingstation
do it yourself
Dokusoap
Dollar
Dolly
Domain
Dominion
Donut
Doping
Dos and Don'ts
Dotcom
down
Downcycling
Downhill
Downlink
Download
downloaden
Downtown
Draft
Dragqueen
Drain
Dreadlocks
Dream-Team
Dresscode
Dressing
dribbeln
Dribbling
Drink
Drive
Drive-in-Restaurant
Dropbox
Drop-down-Menü
Drop-out
Drugstore
Drummer
Dual-Use-Produkt

Dubbing
Dubstep
Duke
Dummy
Dumping
Dunking
durchstylen
Dust
Duty-free-Shop
DVD
DVD-Player
DVD-R
DVD-RW

E

Eagle
easy
Easy Rider
E-Bike
Ebit
E-Book
E-Business
E-Card
E-Commerce
Economyclass
Ecstasy
Editorial
Edutainment
Efficiency
Ego-Googeln
Egotrip
E-Government
einchecken
einloggen
einscannen
Eiscrusher
E-Learning
Electronic Banking
Electronic Business
Electronic Commerce
Electronic Publishing
E-Mail

Emoticon

Empire

Encounter

Energydrink

Engineering

Enter

Entertainer

Entertainment

Entertaste

Environment

E-Publishing

Equalizer

Equipment

Escape

Escape-Room

Escapetaste

Escortservice

Essay

Essential

Establishment

Ethernet

Eurofighter

Europacup

Event

ever

Evergreen

Exchange

Explorer

Export

Extension

Extruder

Eyeliner

Eyetracking

F

Facelift

Facility

Facilitymanagement

Factory-Outlet

Fade-in

Fade-out

Fading

fair

Fairness

Fair Play

Fair Trade

Fake

faken

Fake News

Fallout

Fan

Fanclub

fancy

Fanshop

Fantasy

Fanzine

FAQ

Fashion

Fashionista

Fastback

Fastbreak

Fast Food

Fatburner

Feature

Feed

Feedback

Feeling

Fellow

Fellowship

fesch

Festival

Fiberglas

fifty-fifty

fighten

File

Film

Filmografie

Fingerfood

Finish

Firewall

first class

First Lady

fit

Fitness

Fitting

fixen

Fixer

Flagship-Store

flashen

Flashmob

Flatrate

Fleece

Flip

Flipchart

Flipflop

Flirt

flirten

floaten

Floor

Flop

Floppy Disk

Flow

Flowerpower

fluffig

Flyer

Folder

Folksong

Follower

Font

Foodie

Food-Sharing

Football

Form

Fotoshooting

Foul

Fracking

Frame

Framebuffer

Framerate

Frameset

Franchise

Freak

Freeclimbing

Freelancer

Freestyle

Free-TV

Freeze

Friendly Fire

Frisbee

Frontloading

Frontmann

Frontoffice

Full HD

Full House

Full Service

Fulltime-Job

Fun

Fundraising

Fun Fact

funky

funny

Funsport

Future

Fuzzylogik

G

Gag

Game

Gameboy

gamen

Gameshow

Gang

Gangsta-Rap

Gangster

Gangway

Gate

Gateway

gay

gehandicapt

Gender

Gendergap

Gender-Pay-Gap

Genderstudies

Genpool

Gentleman

Gentransfer

gentrifizieren

Geoblocking

Geocaching

Geotag

Gettoblaster

Get-together

Ghettoblaster

Ghostwriter

Gig

Gigabyte

Gigaliner

Gimmick

Girl

Girlie

Gitarrenriff

Give-away

Glamour

Glamourgirl

Glamrock

Global Player

Globetrotter

G-Man

Goal

Goalgetter

Goalkeeper

Go-go-Girl

Going-public

Gokart

Golden Goal

Golf

goodbye

Goodie

Goodwill

googeln

Google

Gospel

Gotcha

GPS

Graffiti

Grafikdesign

Grand Slam

Graphic Novel

Greencard

Greenfee

Greenhorn

Greenkeeper

Greenpeace

Grill

grillen

Grip

Grit

Grog

groggy

Groom

Groove

groovy

Ground Zero

Groupie

Grunge

Guide

Gully

Guppy

Guy

H

Habit

hacken

Hacker

Hairstylist

Halfpipe

Halloween

Hamburger

Handicap

Handling

Handout

Handover

Handy

Hangover

Happening

happy

Happy End

Happy Hour

Hardcore

Hardcover

Harddisc

Hardliner

Hardrock

Hardtop

Hardware

Hashtag

Hassel

Hater

Hattrick

HD

HD-Auflösung

HDMI

HDTV

Headbanging

Headhunter

Headline

Headquarter

Headset

Hearing

heavy

Heavy Metal

Hedgefonds

Heimtrainer

Heliport

Helpdesk

hieven

high

Highend

High Fidelity

High Heels

Highlife

Highlight

Highschool

High Society

Hightech

Highway

Hijacker

hip

Hip-Hop

Hippie

Hipster

Hit

Hitliste

HIV

Hoax

Hobby

Hockey

Holding

Homebanking

Homebase

Homeland

Homelearning

Homeoffice

Homepage

Homeschooling

Homeshopping

Homespun

Hometrainer

Homie

Honk

Hoodie

Hool

Hooligan

Horror

Host

Hostel

Hot

Hotdog

Hotline

Hotlist

Hotpants

Hotspot

hotten

House

Hula-Hoop

Human Resources

Hunter

Hydrant

Hype

Hyperlink

Hypertext

I

IBAN

Icing

Icon

Ikone	investigativ	Junkfood	konditionieren
Image	Investment	Junkie	Konformismus
implementieren	Investor	Juror	Kongress
Import	IP	Jury	Konnotation
importieren	IP-Adresse	just in time	konservativ
Inch	IQ	**K**	kontakten
in concert	Ironman		Konterpart
Independence Day	Isodrink	Kart	kontextuell
Independent	It-Girl	Kartenslot	kontrastiv
Indie		Keeper	Kops
indoor	**J**	Keks	Kräcker
Industrial Design	Jab	Kerosin	Kreationismus
In-Ear-Kopfhörer	Jacht	Ketchup	Kricket
Infight	Jackpot	Kettcar	Krocket
Influencer	jammen	Key-Accounter	kruppös
Infoline	Jamsession	Keyboard	Kulturclash
Infoscreen	Jeans	Keyserver	Kummerbund
Infotainment	Jeep	Kick	Kutter
inhouse	Jetlag	Kickboard	**L**
Inlay	Jetset	Kick-down	
Inliner	Jetski	kicken	Label
inlineskaten	Jetstream	Kick-off	Lachflash
Inlineskating	jetten	Kickstarter	Lady
Input	Jingle	Kid	ladylike
Inselhopping	jippie	kidnappen	LAN
Insert	Jive	Killer	Land Rover
Inside	Job	King	Laptop
Insider	jobben	Kingsize	lasern
Instagram	Jobhopper	kiten	Laserpointer
instant	Jobsharing	Kitesurfen	Laserprinter
Instant Messaging	Jockey	Klan	Laserstrahl
Intercity	joggen	Klick	last, but not least
Interface	Jogging	Klipp	Lasting
Internet	Joint Venture	Klub	last minute
Internetblog	Jo-Jo	knock-out	Last-minute-Angebot
Interrailticket	Joker	Know-how	Late-Night-Show
Intershop	Joystick	kodieren	Latin Lover
Intervalltraining	Juice	Koffein	launchen
Interview	Jukebox	Koks	Law and Order
Intranet	Jumbojet	Kollateralschaden	Layout
Intrapreneurship	jumpen	Kommunitarismus	LCD-Anzeige
Inverter	Jumpsuit	Kompetenz	Lead

183

Leader

Leadership

leaken

Lean Management

Lean Production

Learning by Doing

Leasing

LED-Anzeige

Leggings

Legwarmer

Level

Lifesciences

Lifestyle

Lift

Liftboy

Lifting

light

Lightshow

Likelihood

liken

Limit

limited

Link

linken

Lipgloss

Listing

Littering

live

Liveact

Livesendung

Liveshow

Livestream

Liveticker

Loafer

Lobby

Lobbyismus

Localhost

Location

Lodge

Loft

Log

Logbuch

Loge

Logfile

loggen

Log-in

Logistik

Log-out

Lohndumping

lol

Lolli

Longboard

Longdrink

longline

Longseller

Look

Lookalike

Looping

losen

Loser

Lotion

Lounge

Love-Parade

Lover

Lovestory

Low-Budget-
Produktion

Low Fidelity

Lumberjack

Lumineszenz

Lunch

lunchen

lynchen

M

made in Germany

Mail

Mailbox

mailen

Mailing

Mainboard

Mainstream

Make-up

Making-of

Mall

Malware

Management

managen

Manager

Manpower

Marker

Marketing

Marshmallow

Master

Mastering

Masterplan

Match

Matching

Matchwinner

Mausklick

Mauspad

Mayday

Meeting

mega-in

mega-out

Megaseller

Megastar

Megawatt

Meme

Memorial

Memory

Memorystick

Mentalität

Mentoring

Merchandising

Merger

Mesh

Message

Messaging

Messengerdienst

Messie

Metal

metallic

Method-Acting

Me-too-Produkt

metrosexuell

Micropayment

Midlife-Crisis

Mikrofon

Mikroport

Mikroprozessor

Milchshake

Military

Mindmap

Minicar

Minijobber

Minimal Art

Minimal Music

mint

Miss

Missile

Missing Link

Mister

Mistress

Mix

Mixed

mixen

Mixer

MMS

Mob

mobben

Mobile

Mobile Banking

Mockumentary

Model

modeln

Modem

Modul

Monitor

Monitoring

Monopoly

Monotype

Monster

Monstertruck

Mopp

Morphing

morsen

Motel

Motherboard
Motocross
Mountainbike
mounten
Mousepad
Move
Movie
MP3
MP3-Player
multikulti
Multimedia
Multiple-Choice-Verfahren
Multiplex
Multitasking
Murphys Gesetz
Musical
Musicbox
Musikbox
Musikplayer
Must-have
Mystery

N

Nanny
Native Speaker
Negativimage
Nerd
Net
Netbook
Netiquette
Network
networken
Networking
Neurose
Neutron
New Age
Newcomer
New Deal
New Economy
New Look
News

Newsdesk
Newsfeed
Newsflow
Newsgroup
Newsletter
Newsroom
Newsticker
New Wave
NGO
nice
Nickname
Nightclub
Nightskating
nine to five
Nippel
Nobody
no future
No-Go
No-go-Area
no iron
Nonameprodukt
Non-Fiction
Non-Profit-Unternehmen
Nonsens
nonstop
Nonstop-Flug
Nordic Walking
Notebook
Notepad
Novel Food
Nubuk
Nugget
Nurse
Nylon

O

obsessiv
Odds
OECD
Off
Offbeat

Office
off limits
offline
offroad
Offsetdruck
offshore
Offshorebohrung
o. k.
okay
Old Economy
Oldie
oldschool
Oldtimer
on
on air
on demand
One-Man-Show
One-Night-Stand
Onesie
Onestepp
One-Way-Ticket
online
Onlineshopping
Onlinevoting
on the rocks
on top
Op-Art
Open-Air-Festival
open end
Opener
Open Source
optional
Orbiter
ordern
Organizer
out
Outback
Outcast
Outdoor
outen
Outfit
Outing

Outlaw
Out-of-area-Einsatz
Out-of-the-box-Lösung
Output
Outsider
outsourcen
Outsourcing
Outtake
Oval Office
Overall
overdressed
Overdrive
Overflow
Overheadprojektor
Overkill
Overknees
oversized

P

Pace
Pacemacher
Pacemaker
Package
Pad
paddeln
Paddock
Pager
Pageview
Paintball
Paket
Palmtop
Pancake
Panel
Pantry
Panty
Paper
Paperback
Paragliding
Paralympics
parboiled
Park
Parka

Park-and-ride-System
parken
Partner
Party
Pass
passen
Passwort
Patch
Patchkabel
Patchwork
Pattern
Paycard
Paying Guest
PayPal
Pay-per-View
Payroll
Pay-TV
Paywall
Peanuts
Peeling
Peepshow
Peer
Peergroup
Peer-Review
Pellet
Penholdergriff
Penthouse
Pep
Percussion
Performance
performen
Performer
Perkussion
Permalink
Personal Computer
Personalityshow
Personal Trainer
Petticoat
Petting
phatt
Phishing
Pickles

Picknick
Pick-up
Piek
piercen
Piercing
Pilling
pimpen
Pin
Pinball
Pingpong
Pint
Pinterest
Pin-up
Pipe
Pipeline
PISA
Pixel
Plaid
Plastics
Play-back
Playboy
Player
Playgirl
Playlist
Play-off
Playstation
Plot
Plug-in
Plumpudding
Pocketkamera
Podcast
podcasten
Podcasting
Poetry-Slam
Pogo
Pointer
Poker
Pokerface
Polaroidkamera
Poleposition
Political Correctness
Polittalk

Polo
Poloshirt
Pony
Pool
Poolbillard
Pop
Pop-Art
Popcorn
Pop-up
Pop-up-Blocker
Pop-up-Buch
Pop-up-Store
Porridge
Portable
Porter
Portfolio
posen
Poser
Posing
Postdoc
posten
Posting
Poster
Pot
powdern
Power
Powerbank
powern
Powerplay
Powershopping
Poweruser
PR-Abteilung
Prepaidhandy
Prepaidkarte
Prequel
Presenter
Preshave
Pressing
Pressure-Group
Preview
Primary
Primetime

Print
Printausgabe
Printer
Printmedium
Private Banking
probiotisch
Producer
Product-Placement
Professional
Profiler
Profit-Center
Prokrastination
promoten
Promoter
Promotion
Proof
Prospektor
Provider
Proxyserver
Pub
Publicity
Public Relations
Public Viewing
Puck
Pudding
Pull-down-Menü
pullen
Pullover
Pullunder
Pumpgun
Pumps
Punch
Punchingball
Punk
Punkrock
Punsch
Pushbutton
pushen
Pusher
Pushmail
Pushnachricht
Push-up-BH

putten
Putter
puzzeln
Puzzle
Puzzler

Q

QR-Code
Quad
Qualifying
Quark
Quarterback
Queen
queer
Quellcode
Quickie
Quickstepp
Quiz
Quizmaster

R

Rack
Racket
Radar
Raft
raften
Rafting
Rag
Ragtime
Ranch
Ranger
Ranking
Rap
rappen
Rasta
Rastafari
Rating
Rave
raven
Reader
Readymade
Reality-Show

Reality-TV
Real Time
Rebound
Reboundeffekt
Rebreak
Recall
Receiver
Recorder
recycelbar
recyceln
Recycling
Redneck
Referee
Reggae
registered
Rekorder
Relaunch
relaunchen
relaxed
relaxen
Relaxing
relaxt
Release
Remake
Reminder
Remix
Report
Reportage
Reporter
Reporting
Reprint
Research
Resident
Retrieval
retro
Retrolook
retrospektiv
Retrovirus
Return
Returntaste
Retweet
retweeten

Review
Revival
Revolver
Rezession
Riff
Rigg
Riskmanagement
Roadie
Roadmanager
Roadmap
Roadmovie
Roadshow
Roadster
Roadtrip
Roaming
Roaring Twenties
Roboter
Rocker
Rock 'n' Roll
Rodeo
roger
Rollback
Rollerblade
Rollerskate
Rollout
Rolls-Royce
Rooming-in
Rope-Skipping
Rotaprint
Round Table
Round-Table-Konferenz
routen
Router
Routing
Rowdy
Rubber
Rugby
Run
Runner's High
Running Gag
Rusch
Rushhour

S

Sabbatical
Safe
Safer Sex
Salesmanager
Salespromotion
Saloon
sampeln
Sample
Sampler
Sampling
Sandwich
Santa Claus
Scan
scannen
Scanner
Scart
Scheck
Scheckbuch
Schlabberlook
schocking
Schredder
schrill
Schwindler
Science-Fiction
Scientology
Scoop
Scooter
Score
scoren
Scout
Scouting
scratchen
Scratching
screenen
Screening
Screenshot
scrollen
secondhand
Second Life
Secret Service

Security

Seersucker

Selffulfilling Prophecy

Selfie

Selfiestick

Selfmademan

Selfscanning

Senior Consultant

Sensor

Sequel

Server

Service

Set

Setting

Set-up

Sex

Sex-Appeal

Sexshop

Sexting

sexy

Shading

Shag

Shake

Shakehands

Share

Shareholder-Value

Shareware

Sheriff

Shifttaste

Shirt

Shit

Shitstorm

shocking

Shooting

Shootingstar

Shop

shoppen

Shopper

Shopping

Shoppingcenter

Shortlist

Shorts

Short Story

Shorttrack

Show

Showbusiness

Showcase

Showdown

Showman

Showmaster

Shredder

shuffeln

Shuffle

Shuttle

Shuttle-Service

Sideboard

Sidecut

Sightseeing

Signation

SIM-Karte

Singer-Songwriter

Single

Sitcom

Sit-in

Sixpack

Skalp

skalpieren

Skateboard

Skateboarder

skaten

Skatenight

Skater

Skating

Sketch

Skimming

Skin

Skinhead

Skipper

Skooter

Skript

Skull

Skunk

Skybeamer

Skylab

Skylight

Skyline

skypen

Skywalk

Slackline

Slam

slammen

Slam-Poetry

Slang

Slapstick

Slash

Slice

Slick

Slideshow

Slip

Slipper

Slogan

Slot

Slow Food

Slow Motion

Small Talk

smart

Smartcard

Smarthome

Smartie

Smartphone

Smart-TV

Smartwatch

Smash

Smiley

Smog

Smoking

Smoothie

SMS

Snack

Snackbar

Snailmail

Sneaker

Sneakpreview

sniffen

Snob

Snowbike

Snowboard

Snowboarder

Snowboarding

Soap

Soccer

Social Bot

Social Freezing

Social Media

Society

soft

Softball

Softcopy

Softcover

Softdrink

Soft Drug

Softeis

Softie

Softrock

Softshell

Soft Skill

Software

Solarpanel

Sonar

Song

Songwriter

Sonnyboy

sorry

SOS

Soul

Sound

Soundcheck

Soundkarte

Soundtrack

Spacelab

Spaceshuttle

Spam

spammen

Spammer

Spareribs

sparren

Sparring

Special

Special Effect
Speech
Speed
Speeddating
Speedskating
Speedstacking
Speedway
Spike
Spin
Spindoktor
Spinning
Spin-off
Splattermovie
Spleen
Splitscreen
splitten
Splitting
Spoiler
sponsern
Sponsor
Sponsoring
Sport
Sportswear
Spot
Spotlight
Spray
sprayen
Sprayer
Sprinkler
Sprint
sprinten
Sprinter
Spurt
Spyware
Square
Squaredance
Squash
Squire
Stagediving
Stakeholder
stalken
Stalker

Stalking
Stand-alone-Lösung
Standard
Standardisieren
Stand-by
Standing
Standing Ovations
Stand-up-Comedian
Stand-up-Paddeln
Star
Starboot
Starlet
Start
starten
Starter
Starterkit
Start-up
State Department
Statement
State of the Art
Steadicam
Steamer
Stent
Steppaerobic
steppen
Steward
Stewardess
Stick
Sticker
Still
Stock
Stockcar
Stockoption
stop
Stop-and-go
Stopover
Store
Story
Storytelling
straight
Straps
streamen

Streaming
Street-Art
Streetball
Streetdance
Streetfood
Streetwear
Streetwork
Streetworker
Streik
streiken
Stress
stressen
Stretch
Stretching
Stretchlimousine
Strike
String
Stringtanga
Strip
strippen
Stripper
Striptease
Stroke-Unit
Stuart
Stunt
Style
stylen
Styling
stylish
Stylist
Subprime
Substandard
Suburb
Subwoofer
Sudden Death
Sunblocker
Sundowner
Superfood
Superstar
Supply-Chain-
Management
Support

Surfbrett
surfen
Surfer
Surfing
Surroundsystem
SUV
Swap
Sweatshirt
Swift
Swimmingpool
Swing
swingen
Swinger
switchen
Synchronisation
synchronisieren
Synthesizer
Synthetics
Szene

T

Tab
Tabledance
Tablet
Tabloid
Tacker
Tackling
Tacks
Tag
taggen
Tailormade
Take
Take-away
Take-off
Take-out
Takeover
Talk
talken
Talker
Talkmaster
Talkshow
Tandem

189

Tank

tanken

Tanker

Tanktop

Tape

tapen

Taskbar

Taskleiste

tätowieren

Tattoo

Teach-in

Team

Teamleader

Teamplayer

Teamwork

Teaser

Techno

Technokrat

Technokratie

technokratisch

Teddy

Teddybär

Teen

Teenager

Teenie

Telebanking

Telefax

Telelearning

Teleshopping

Teletext

Telex

Template

Tennis

Terabyte

Terminal

Test

testen

Thinktank

Thrashmetal

Thread

Thrill

Thriller

Thumbnail

Ticker

Ticket

Tight

timen

Time-out

Timer

Timesharing

Timing

TIN

tindern

Tipp

tippen

Toast

toasten

Toaster

To-do

To-do-Liste

to go

Token

Tomtom

Toner

Tonic

Tool

Toolbar

Top

Topmanagement

Topping

topsecret

Topspin

Top Ten

Touch

Touchpad

Touchscreen

tough

Tourguide

Tourismus

Tourist

Tower

Townhouse

Township

Tracing

Track

tracken

Trademark

traden

Trader

Tradeunion

Trading

Trailer

Trainer

trainieren

Training

trampen

Trance

Transfer

transferieren

Transgender

Transistor

Transponder

Trash

Treatment

trecken

Trecking

trekken

Trekking

Trekkingbike

Trenchcoat

Trend

Trendscout

Trendsetter

trendy

Trial

Trial-and-Error-

Methode

Trick

tricky

Trigger

triggern

Trimm

trimmen

Trip

Trolley

Trouble

Troubleshooter

Truck

Trucker

Trust

Trustee

T-Shirt

Tube

Tumbler

tunen

Tuner

Tunneling

Turf

Turn

Turnaround

Tutorial

Tweed

Tweet

tweeten

Twen

Twerk

twerken

Twerking

Twill

Twinset

Twist

twisten

Twitter

twittern

Twostepp

U

UFO

Ultrabook

UMTS

undercover

Undercut

Underdog

underdressed

Underground

Understatement

unisex

unplugged

Upcycling
Update
Upgrade
upgraden
Upgrading
Uphill
Upload
Uploader
Upperclass
Uppercut
up to date
Urban Gardening
URL
Usability
USB
User

V

Vamp
Van
Vaporizer
vegan
Vegetarier
Veggie
Video
Videoboard
Videoclip
Videofile
Videopodcast
vintage

V. I. P.
Viper
Virtual Reality
VJ
Voicemail
Voiceover
Volleyball
Volunteer
voten
Voting
Voucher

W

Wakeboard
walken
Walkie-Talkie
Walkman
Warlord
Warm-up
Watchlist
Waterboarding
Waterproof
Watt
Waxing
WC
Wearable
Web
Webbrowser
Webcam
Webcast

Webdesign
Webhosting
Webinar
Weblog
Webmaster
Webradio
Webseite
Website
Webspace
Wellness
Westend
Western
whatsappen
Whig
Whirlpool
Whistleblower
Whiteboard
Who's who
Widescreen
Widget
Wikileaks
Wildcard
windsurfen
Windsurfer
Windsurfing
Win-win-Situation
WLAN
Womanizer
Wonderbra
Woopie

Workaholic
Workflow
Work-Life-Balance
Work-out
Workshop
Workstation
World Wide Web
wow
Wrap
Wrestling

Y

Yankee
Yard
Yellow Press
Yippie
YMCA
Youngster
Yo-Yo
Yuppie

Z

zappen
Zapping
Zipdatei
Zipp
zippen
Zipper
Zombie
Zoom

QUELLEN-VERZEICHNIS

S. 142: Falco: *Jeanny*,
Text © Robert Bolland/Ferdinand D. Bolland/Johann Hölzel

S. 142/143: Erste Allgemeine Verunsicherung: *Burli*,
Text © Thomas Spitzer

S. 143: Manuela: *Schuld war nur der Bossa Nova*,
Text © Georg Buschor

S. 143: Trio: *Du liebst mich nicht*,
Text © Stephan Remmler/Kralle Krawinkel

S. 144: Dean Martin: *That's Amore*, Text © Jack Brooks

S. 144: Donna Summer: *MacArthur Park*, Text © Jimmy Webb

S. 145: The Bangles: *Manic Monday*,
Text © Prince Rogers Nelson

S. 145: Des'ree: *Life*, Text © Prince Sampson/Des'ree Weekes

S. 145: Shakira: *Whenever, Wherever*,
Text © Shakira Isabel Ripoll/Tim Mitchell/Gloria Estefan

S. 146: Lady Gaga: *Bad Romance*, Text © Stefani Germanotta

S. 146/147: Modern Talking: *You're my Heart, you're my Soul*,
Text © Dieter Bohlen/Eric Singleton

S. 147: Scooter: *The Question is What is the Question*?,
Text © Rick J. Jordan/H. P. Baxxter/Jens Peter Thele/Michael Simon/
Henricus M. »Harry« van Hoof/Hans van Hemert

© Duden 2019   D C B A
Bibliographisches Institut GmbH,
Mecklenburgische Str. 53, 14197 Berlin

Redaktion: Iris Glahn
Lektorat: Stefanie Höhne
Herstellung: Maike Häßler
Umschlaggestaltung: Schimmelpenninck.Gestaltung, Berlin
Umschlagabbildung und Illustrationen: Peter Perch, Utrecht
Layout: Tine Beuer, Berlin
Satz: typegerecht, Berlin
Druck und Bindung: CPI books GmbH
Birkstraße 10, 25917 Leck

ISBN 978-3-411-74889-1
www.duden.de